REGENSBURG IM FOKUS

70 JAHRE STADTENTWICKLUNG AUS DER VOGELPERSPEKTIVE

STADT REGENSBURG

Herausgeber: Stadt Regensburg
Amt für Stadtentwicklung

Hausanschrift: D.-Martin-Luther-Straße 1
93047 Regensburg

Verantwortlich: Joachim Lenz
Lenz.Joachim@Regensburg.de

Layout: JANDA + ROSCHER GmbH & Co. KG
Roritzerstraße 10 b
93047 Regensburg

Druck: Erhardi Druck GmbH
Leibnizstraße 11
93055 Regensburg

ISBN Nummer: 978-3-935052-70-2

1936 | 2008

Anmerkungen zu den Bildbeschreibungen

Die Bildbeschreibungen sollen die Motive zum einen in ihren historischen und städtebaulichen Kontext stellen. Zum anderen sollen sie durch die paarweise Anordnung jeweils gleicher Ansichten den direkten Vergleich ein und desselben Stadtausschnitts heute und vor ca. 50 Jahren ermöglichen. In der Gesamtschau ergibt dieses Mosaik einen Überblick über die im Stadtbild sichtbaren historischen Spuren des letzten halben Jahrhunderts.

Für die Kommentierung der historischen Luftbilder wurde die über das Regensburg der Fünfzigerjahre publizierte Literatur verwendet. Eine monographische Gesamtbetrachtung der städtebaulichen, wirtschaftlichen und sozialen Entwicklung Regensburgs in dieser Dekade steht jedoch noch aus und wird als Desiderat empfunden. Ohne die Unterstützung durch die Industrie- und Handelskammer Regensburg, die wertvolle Details zum Werdegang von Betrieben eruiert hat, wäre dieses Buch um viele Informationen ärmer geblieben. Eine wichtige Quelle zur Erfassung von Gebäudedaten ist die Registratur des Bauordnungsamtes der Stadt Regensburg.

Auch die Archive großer Unternehmen, wie z. B. Siemens, haben bereitwillig Informationen zur Verfügung gestellt. Unterstützt haben die Recherchen ferner die Kollegen des Stadtplanungs- und des Tiefbauamtes. Von den Regensburger Bürgern, die aus ihren Privatarchiven Unterlagen und Informationen zur Verfügung stellten, seien besonders Heribert Heilmeier, Michael Preischl und Fritz Schiller erwähnt. Ihnen und allen, die durch sachliche oder bibliographische Hinweise zum Entstehen der Texte beigetragen haben, sind die Verfasser zu aufrichtigem Dank verpflichtet.

Die Vielzahl und die Heterogenität der Informationsquellen ließen es bei der gleichzeitig gebotenen Kürze der Bildbeschreibungen vertretbar erscheinen, auf einen Anmerkungsapparat zu verzichten. Zudem versteht sich die vorliegende Publikation nicht als wissenschaftlicher Beitrag zur Regensburger Stadtbaugeschichte des letzten halben Jahrhunderts. Vielmehr will sie durch die Präsentation aussagekräftigen Bildmaterials zu vertiefenden Forschungen anregen.

Klaus Heilmeier, Dr. Eugen Trapp

Inhalt

Luftaufnahmen damals – heute

GELEITWORT DES OBERBÜRGERMEISTERS

Luftbilder üben eine ganz besondere Faszination aus. Als Betrachter steht man im wahrsten Sinn des Wortes über den Dingen, erkennt Strukturen und Zusammenhänge, die einem aus der Froschperspektive oft verborgen bleiben, konzentriert sich auf das Wesentliche und erschließt sich so aufgrund der veränderten Perspektive nicht selten auch ein neues Verständnis. Das erklärt unter anderem, warum sich viele Menschen mühevollen Turm- oder sogar Bergbesteigungen unterziehen und warum Fliegen ein alter Menschheitstraum ist.

Nun gibt es mittlerweile ja zahlreiche Bildbände und Kalender mit Luftbildaufnahmen über Regensburg. Was macht aber gerade diesen Luftbildband so einzigartig? Es ist die Dimension „Zeit", die uns zu einer spannenden Reise von der Vergangenheit in die Gegenwart einlädt, wie sie den Regensburgerinnen und Regensburgern so noch nie geboten wurde. Obwohl wir alle tagtäglich erleben, wie sich unsere Stadt verändert, wird uns das ganze Ausmaß der sich langsam und über lange Zeiträume vollziehenden Veränderungen zunächst kaum bewusst. Erst durch den rasanten Zeitsprung, den die nebeneinander gestellten Luftbilder von früher und heute erzeugen, bekommen wir eine Vorstellung des vollzogenen Wandels.

Wer den Bildband in Händen hält, wird sich bisweilen vorkommen wie bei einem Klassentreffen, viele Jahre nach Beendigung der Schulzeit. Manches hat sich kaum verändert, so als wäre die Zeit spurlos vorüber gegangen, anderes dagegen erkennt man kaum wieder. So werden die Aufnahmen vermutlich ganz unterschiedliche Reaktionen hervorrufen. Einmal berechtigten Stolz über die Entwicklung unserer Stadt zur modernen prosperierenden Metropole. Vielleicht aber auch Wehmut angesichts der Veränderungen ehemals vertrauter Straßen, Plätze, Gebäude und Freiflächen. Ganz sicher aber Erleichterung darüber, dass wir uns vieles, was die Qualität dieser Stadt nach wie vor ausmacht, über die Jahrzehnte bewahren konnten.

Die Idee für das vorliegende Werk gab es bereits zu der Zeit, als das Amt für Stadtentwicklung noch von mir geleitet wurde – und das ist bekanntlich schon eine ganze Weile her. Um eine Idee aber Wirklichkeit werden zu lassen, ist ein Maß an Einsatz und Leidenschaft notwendig, das weit über das übliche, im Arbeitsalltag geforderte Soll hinausgeht. Mein Dank gilt deshalb insbesondere dem Initiator, Herrn Joachim Lenz, dem Leiter der Abteilung Vermessung und Kartographie im Amt für Stadtentwicklung, und den Herren Klaus Heilmeier und Dr. Eugen Trapp von der Abteilung Denkmalpflege für ihr großartiges Engagement, das sie zur Fertigstellung dieses Projekts eingebracht haben. Das Ergebnis ist auf jeden Fall sehenswert und wird sicher im Bücherregal eines jeden Regensburg-Liebhabers seinen Platz finden. Allein schon um die beliebte Frage beantworten zu können: War früher tatsächlich alles besser?

Hans Schaidinger

VORWORT DER PLANUNGS- UND BAUREFERENTIN

Der vorliegende Bildband reiht sich – wie auch schon der Stadtatlas Regensburg – nahtlos in eine Reihe von Veröffentlichungen über unsere Stadt ein, die auf besonders anschauliche Weise ein Stück Regensburger Stadtentwicklung erzählen. Dabei liegt bei „Regensburg im Fokus" das Besondere in der luftigen Art und Weise, die aus der Vogelperspektive einen etwas anderen Blick auf Regensburg ermöglicht. Der Bildband stellt jeweils zwei Bilder mit demselben Bildausschnitt gegenüber. Die Fotos auf der linken Seite stammen weitestgehend aus den 50er Jahren des letzten Jahrhunderts, während die Fotos auf der rechten Seite überwiegend im Jahr 2007 aufgenommen wurden.

Luftbilder leisten wegen ihrer Anschaulichkeiten einen besonders wertvollen Beitrag zur Dokumentation von Stadtentwicklung. Die hervorstechendste Eigenschaft ist, dass durch die ungewöhnliche Perspektive ein hohes Maß an Aufmerksamkeit erzeugt wird. Das Luftbild stellt eine einprägsame Möglichkeit dar, sowohl

Neues wie auch Altes zu präsentieren, Orte zu beschreiben und strukturelle Zusammenhänge darzustellen, die in der Horizontalen verschlossen bleiben. So schafft es das Buch überaus eindrucksvoll, die dynamische Entwicklung, die Regensburg im letzten halben Jahrhundert vollzogen hat, in den Fotos nachzuzeichnen.

Durch das wirtschaftliche Wachstum stieg auch der Bedarf an Wohnraum in rasantem Maße an – in dieser Zeit wurden auf vormals weitestgehend unbebauten Flächen neue Stadtquartiere für ganz unterschiedliche Bevölkerungsgruppen geschaffen, wie die Beispiele Königswiesen Nord oder Süd belegen. Die bebaute Siedlungsfläche hat insbesondere in den letzten 25 Jahren beachtlich zugenommen, wodurch der heute vorhandene sehr kompakte Siedlungskörper erst entstanden ist. Gleichzeitig waren durch den wirtschaftlichen Aufschwung umfangreiche Infrastrukturprojekte, insbesondere Straßenbaumaßnahmen notwendig, die sich ebenfalls auf verschiedenen Bildern ablesen lassen.

Bei etwas genauerem Hinsehen können sogar die Strategien und Leitbilder der Stadtentwicklung der damaligen Zeit nachvollzogen werden. Störendes Gewerbe, das in den 50er Jahren häufig noch unmittelbar neben Wohngebieten angesiedelt war, wurde in Gewerbegebiete in Randlagen verlagert und durch Wohnen oder wohnverträgliches Gewerbe ersetzt. Gleichzeitig sind viele Parks und Grünflächen entstanden, die auf den 2007er Bildern noch eindrucksvoller ins Auge springen, weil diese im Gegensatz zu den alten Fotos farbig sind.
Bei dem Blick aus der Luft rückt außerdem die sonst häufig vergessene so genannte „fünfte Fassade“ in den Fokus der Betrachtung. Die Stadt Regensburg hat die Bedeutung der Dachlandschaft, insbesondere in der Altstadt, schon lange erkannt, was sich nicht zuletzt in der Altstadtschutzsatzung widerspiegelt, die der Gestaltung der Dachflächen eine besondere Bedeutung beimisst. Die Luftbilder vom Altstadtensemble zeigen zudem auf, welche umfangreichen Sanierungsmaßnahmen hier in den letzten Jahrzehnten stattgefunden haben, und sie verdeutlichen darüber hinaus, dass dabei großer Wert auf die Erhaltung der alten Strukturen und der historischen Dachformen gelegt worden ist.

Nicht zuletzt ist dieser Bildband für mich, als Planungs- und Baureferentin, eine wichtige Planungsgrundlage, die mir verdeutlicht, welche bedeutenden und raumprägenden Auswirkungen die Planungen und Baumaßnahmen, die in meinem Referat maßgeblich mitgestaltet werden, auf die derzeitige und zukünftige Regensburger Stadtstruktur haben. Gleichermaßen regt das Buch dazu an, den Blick ab und zu von den kleinen Details, die oft im Mittelpunkt der Betrachtung stehen, zu einer übergeordneten Perspektive hin zu wenden, um sich die größeren strukturellen Zusammenhänge immer wieder einmal vor Augen zu führen.

Christine Schimpfermann

Christine Schimpfermann

KLAUS HEILMEIER UND DR. EUGEN TRAPP
AMT FÜR ARCHIV- UND DENKMALPFLEGE

EINE STADT IM FOKUS – HISTORISCHE ANMERKUNGEN

129 Aufnahmen ermöglichen uns einen detaillierten Blick auf Regensburg, so wie er sich vor rund fünfzig Jahren aus der Vogelperspektive geboten hat.

Die Luftbilder entstanden größtenteils zwischen 1956 und 1958. Fotografiert wurden von den Piloten Dinge, die damals für die Stadt wichtig waren: Gerade entstehende Wohnquartiere, Industriebetriebe und Gewerbegebiete, das Hafengebiet oder ganz einfach die klassischen Sehenswürdigkeiten Regensburgs.

Ausgeblendet wurden Problemzonen, wie z. B. die Notwohnanlage am so genannten Pulverturm oder die Barackensiedlungen an der Peripherie, wo die Stadt jene Bürger unterbringen musste, die nach dem Zweiten Weltkrieg nicht mehr Fuß fassen konnten. Es entsteht daher kein wirklich objektives Bild unserer Stadt, sondern ein durch die Auswahl der Motive und nicht zuletzt auch durch die ästhetische Qualität der Schwarz-Weiß-Darstellung gefiltertes Mosaik.

Die Fünfzigerjahre sind heute längst verklärt. Goggomobil und Kabinenroller, Gummibaum und Nierentische, Röhrenjeans, Schlager und Tütenlampen stehen für eine Dekade, in der die Wirtschaft boomte, in der Gesellschaft klare Regeln galten und Optimismus zum Lebensgefühl wurde. Dass dies jedoch nicht immer und bei allen so war, berichten uns die Zeitgenossen.

Autohaus Gebhardt, Friedenstraße 1956

Bar im städtischen Hallenbad 1955

Politik

In den Fünfzigerjahren in Regensburg zu leben, war sicher weit weniger spektakulär als etwa in den Boomregionen Westdeutschlands.
Der Zweite Weltkrieg hatte die Stadt in eine Randlage gebracht. Auch von „Notstandsgebiet" sprach man damals. Nur 60 Kilometer nordöstlich an der tschechoslowakischen Grenze riegelte der Eiserne Vorhang Wirtschaftsbeziehungen und persönliche Kontakte weitestgehend ab. Problematisch waren auch schon die Beziehungen zum „anderen" Deutschland, der Deutschen Demokratischen Republik. Der Kalte Krieg hatte bereits begonnen. Die große Weltpolitik lebte vom weltanschaulich geprägten Ost-West-Gegensatz. Im Weißen Haus regierte Dwight D. Eisenhower, sein Gegenspieler im Kreml war Nikita Chruschtschow. In der provisorischen Bundeshauptstadt Bonn sorgte Konrad Adenauer für politische Korrektheit und Berechenbarkeit. Das politische Gewicht der Bundesrepublik Deutschland war jedoch angesichts der bedingungslosen Kapitulation 1945 und der objektiven Kriegsschuld Deutschlands verschwindend gering.

In der bayerischen Staatskanzlei führten in den Fünfzigerjahren drei Ministerpräsidenten die Geschäfte. Auf Hans Ehard (CSU) folgte 1954 der SPD-Mann Wilhelm Hoegner und auf diesen 1957 Hanns Seidel (CSU).

An der Spitze der Stadt stand von 1952-1959 Oberbürgermeister Hans Herrmann. Bereits seit den Zwanzigerjahren in der Stadtverwaltung tätig und von 1924-1945 Bürgermeister, stellte er für viele Regensburger/innen die Verbindung zur demokratischen Ordnung der Weimarer Republik her. Sein früheres Wirken als Bürgermeister in der Zeit des Nationalsozialismus sahen die Zeitgenossen nicht kritisch. Im Stadtrat waren in der Periode 1952-56 die großen Volksparteien (CSU mit 37,6 % und SPD mit 31,9 %) tonangebend. Bei den Stadtratswahlen 1956 erhielt die CSU sogar 44,9 % der Stimmen, während die SPD auf 32,7 % kam.

Die so genannten kleinen Parteien, konfessionelle und landsmannschaftliche Gruppierungen, spielten in den Fünfzigerjahren keine entscheidende Rolle. Mit dem Tod Hans Herrmanns am 20. August 1959 und dem anschließenden politischen Wechsel zum SPD-Oberbürgermeister Rudolf Schlichtinger ging die Dekade auch politisch ihrem Ende entgegen.

Gesellschaft

Ein großes Problem der Regensburger Stadtgesellschaft war die Integration der nach 1945 zugewanderten Flüchtlinge und Vertriebenen aus den ehemaligen deutschen Ostgebieten. Als Zeichen der Verbundenheit mit den Heimatvertriebenen übernahm die Stadt Regensburg 1951 die Patenschaft für die sudetendeutsche Volksgruppe. 1952 war jeder fünfte Regensburger ein Neubürger. Das heißt, dass für etwa 20.000 Menschen Regensburg zur neuen Heimat werden sollte. Noch ein Jahrzehnt später bekannte sich dieser Bevölkerungsanteil nahezu geschlossen zur eigenen landsmannschaftlichen Identität.

Groß waren die Missverständnisse und Vorbehalte unter Einheimischen und Zuwanderern. Trotzdem kann in der Rückschau die Integration als gelungen bezeichnet werden.

Eine bedeutende Rolle im gesellschaftlichen Leben der Stadt spielte in den Fünfzigerjahren das Fürstenhaus Thurn und Taxis. Das spanische Hofzeremoniell und das soziale Engagement von Fürst Albert und Fürstin Margarete beeindruckten die Regensburger gleichermaßen, zumal das Fürstenhaus in der Zeit des Nationalsozialismus kritische Distanz zum Regime gewahrt hatte.

Roxy-Bar 1955

Die katholische Kirche verfügte mit Erzbischof Dr. Michael Buchberger auf dem Regensburger Bischofsstuhl über eine einflussreiche Persönlichkeit. Bereits in den Dreißigerjahren hatte sich Buchberger durch die Herausgabe des zehnbändigen Lexikons für Theologie und Kirche einen Namen als Wissenschaftler gemacht. Die Rolle der katholischen Kirche in der Stadt kam nicht zuletzt bei der alljährlichen Fronleichnamsprozession zum Ausdruck, bei der Vertreter aller relevanten gesellschaftlichen Gruppierungen teilnahmen und dabei ein eindrucksvolles Bekenntnis zum katholischen Glauben ablegten.

Die evangelisch-lutherische Gemeinde erhielt ab 1945 durch zahlreiche Heimatvertriebene aus Pommern, Ostpreußen, Siebenbürgen und anderen Gebieten neue Impulse. Das Anwachsen der Gemeinde spiegelte sich nicht zuletzt im regen Kirchenbau der Fünfzigerjahre wider.

Die zahlreichen höheren Schulen und Fachschulen der Stadt, deren Einzugsgebiet weit in den ostbayerischen Raum reichte, waren Teil der Stadtgesellschaft. Eine wichtige Rolle für das gesellschaftliche Leben spielten auch die Aktivitäten der Sport- und Kulturvereine. Über die Grenzen der Stadt hinaus bekannt war die Fußballmannschaft des SSV Jahn, die damals zeitweise in der höchsten deutschen Liga spielte. Legendär in Bezug auf Kreativität und Umfang blieben auch die Regensburger Faschingszüge der Fünfzigerjahre.

Kultur und Medien

„Die Regensburger Komödie ist vortrefflich!" Diesen Kaiser Josef II. zugeschriebenen Ausspruch zitierte Max Maria Rheude, von 1951 bis zu seinem Tod 1962 Feuilletonchef der Mittelbayerischen Zeitung, in einem Beitrag für die Zeitschrift *Bayernland*. In der Tat manifestierte sich das kulturelle Leben Regensburgs in dieser Dekade vor allem im Spielplan des geliebten Stadttheaters. Schauspiel, Oper, Operette und Ballett – trotz der finanziellen Einschränkungen städtischer Haushaltspolitik bot das Haus seinen Besuchern alle Sparten. Das Ensemble hatte in der Nachkriegszeit personelle Verstärkung mit Kräften aus dem Sudetenland und Schlesien bekommen. *„Das Publikum erfreut sich dieser Tendenz und heißt sie willkommen"* diagnostizierte Rheude.

Auch ein anderer Satz aus seiner Feder beschreibt die Stimmung gut: *„Kathedrale und Theater sind zwei Angelpunkte des Regensburger Lebens."* Man denkt hierbei auch an die Regensburger Domspatzen, die als Botschafter der Kultur den Namen Regensburgs in die Welt hinaustrugen. Sigfrid Färber, Dramaturg, Regisseur und ab 1956 Städtischer Fremdenverkehrsdirektor, schrieb damals: *„In der Singkunst der Domspatzen ist ein sehr altes, zeitweise vergessenes Kulturerbe der Donaustadt in unserer Zeit wieder aufs schönste lebendig geworden, und am schönsten ist es auch, den Chor bei einem festlichen Empfang im kerzenerleuchteten Reichssaal des Alten Rathauses und vor allem an einem Hochfest im hohen Dom St. Peter selbst zu erleben, wenn hier die vielstimmige Polyphonie der alten Meister Palestrina und Orlando di Lasso oder die Chorwerke aus dem Geist der großen Regensburger Tradition des Cäcilienvereins einen wundervollen Gleichklang zu den glühenden Farben der gotischen Mosaikfenster bilden."*

Neben Theater und Chorgesang prägten auch Vertreter der bildenden Kunst und Schriftsteller Regensburgs kulturelles Leben. Die Maler und Grafiker Xaver Fuhr, Otto Baumann und Willi Ulfig, ferner Kurt von Unruh und Jo Lindinger, erlebten in den Fünfzigerjahren höchst kreative Phasen. Durch die damals blühende „Kunst am Bau" blieben ihre Arbeiten nicht auf Galerien und die Zirkel der Interessierten beschränkt. Wandbilder und Graffiti gehörten wie selbstverständlich zum Erscheinungsbild von damals erbauten Wohnblöcken, Schulen und anderen öffentlichen Gebäuden.

Für das literarische Leben war Georg Britting noch immer ein wichtiger Bezugspunkt, da er auch nach seinem Umzug nach München 1951 den Kontakt zu seiner Vaterstadt Regensburg pflegte.

Eine wichtige kulturelle Institution war das 1946 von der amerikanischen Besatzungsmacht ins Leben gerufene Amerika-Haus, das 1955 als Deutsch-Amerikanisches Institut in das Thon-Dittmer-Palais übersiedelte. Mit Veranstaltungen, einem Film- und Tonarchiv sowie einer Bibliothek, in deren Lesesaal amerikanische Zeitschriften auslagen, sollten vor allem junge Deutsche im Rahmen der *„re-education"* mit angloamerikanischer Kultur und Weltanschauung vertraut gemacht werden. Die Regensburger Jugend war dankbar für das Angebot, konnte sie sich doch nicht zuletzt auch über die US-amerikanische Musikszene informieren.

Eines vorher noch nicht bekannten Interesses erfreute sich in den Fünfzigerjahren der Film. Wenngleich nicht alles Filmkunst war, was damals in den 13 Regensburger Lichtspielhäusern lief, kam dieser Form der Unterhaltung große soziokulturelle Bedeutung zu. Die Kinos waren auch nicht, wie heute, im Stadtzentrum konzentriert, sondern man fand sie in nahezu allen Stadtteilen.

Die Presselandschaft wurde durch zwei große Tageszeitungen geprägt: Den konservativen, 1949 gegründeten Tagesanzeiger und die seit 1945 lizenzierte und der Sozialdemokratie nahestehende Mittelbayerische Zeitung. Eine wichtige Ergänzung stellte die Regensburger Woche dar, ein Wochenblatt unter SPD-Einfluss, das angesichts der lokalpolitischen Frontstellungen in den Fünfzigerjahren seine Glanzzeit erlebte. Beachtlicher Verbreitung erfreute sich ferner das wöchentlich erscheinende Regensburger Bistumsblatt, das als Teil der katholischen Publizistik nicht nur über Entwicklungen im Bistum berichtete, sondern verstärkt auch Regensburger Themen aufgriff.

Wirtschaft und Verkehr

Gemeinhin gilt das Regensburg der Fünfzigerjahre als Beamten- und Verwaltungsstadt, fern jeder industriellen Perspektive. Diese heute noch verbreitete Ansicht ist korrekturbedürftig. Die Einwohnerzahl stieg von 117.300 im Jahre 1950 auf 125.000 im Jahre 1961. Damit war Regensburg nach München, Nürnberg und Augsburg die viertgrößte Stadt Bayerns. Wenngleich die wirtschaftliche Entwicklung nach dem Krieg in den drei großen bayerischen Städten früher eingesetzt hat und dynamischer verlaufen ist, waren auch die Bemühungen Regensburgs hinsichtlich der Ansiedlung von Gewerbe und Industriebetrieben durchaus von Erfolg gekrönt. Insbesondere gegen Ende der Fünfzigerjahre, als in den Ballungsräumen bereits Arbeitskräftemangel herrschte, siedelte sich in Regensburg und im weiteren Umfeld eine Reihe von Großbetrieben an. Die Luftbilder legen davon Zeugnis ab.

Die historischen Fotos zeigen auch den einen oder anderen Betrieb, der sich, oft aus kleinen Anfängen heraus, in den Fünfzigerjahren bestens entwickelte. Viele Unternehmer hatten ihre Produktionsstätten in den „Westen" verlegt oder waren als Vertriebene und Flüchtlinge zum Neubeginn gezwungen gewesen, wie beispielweise Emil Fischer (Elfi), der seine Strumpffabrik ab 1950 in Regensburg aufbaute. Dass sich die neuen Firmen mit ihrem Produktionsstandort identifizierten, entnehmen wir einer Werbeanzeige der Elfi-Strumpffabrik GmbH:

„Eng verbunden mit dem wirtschaftlichen Aufstieg der Donaustadt Regensburg ist die 1950 entstandene Elfi-Strumpffabrik, in deren Hallen Hunderte von Einheimischen und Neubürgern Arbeit und Brot gefunden haben. Aus kleinen Anfängen aufstrebend, zählt das Werk heute zu den führenden Strumpffabriken. Der jährliche Ausstoß von Millionen eleganter Damenstrümpfe trägt den Namen der ehrwürdigen Stadt Regensburg in alle Welt."

Freilich waren nicht alle neu gegründeten Unternehmen erfolgreich. Insbesondere kleinere, kapitalschwache Betriebe konnten konjunkturelle Schwankungen, die es auch in den Fünfzigerjahren gab, kaum überstehen.

Neben den neu gegründeten Firmen waren in der Stadt die oft seit Jahrzehnten bestehenden mittelständischen Betriebe aus dem Brauerei-, Druckerei- und Baugewerbe aktiv. Bischofshof, Brauhaus Regensburg und später Thurn und Taxis standen für Qualitätsbiere; Pustet, Gebr. Held, Aumüller und Niedermayr waren bekannt für beste Druckerzeugnisse; die Baufirmen Riepl, Klug, Aukofer und Tausendpfund erhielten Aufträge aus der ganzen Bundesrepublik.

Die stärksten Impulse gingen naturgemäß von den Großunternehmen aus, wie etwa der Chemischen Fabrik von Heyden (ehemals Dresden-Radebeul), die 1945 ihren Hauptsitz nach Bayern verlegt hatte und ab 1954 am Standort Donaustaufer Straße produzierte. Die größten Arbeitgeber waren im Bereich Elektrotechnik, Feinmechanik und Optik zu finden: Siemens, das Sachsenwerk und die Maschinenfabrik Reinhausen boten zusammen mit weiteren kleinen Betrieben über 4.200 Arbeitsplätze. Ein weiteres Standbein der städtischen Wirtschaft war die Leder-, Textil- und Bekleidungsindustrie. In diesem Bereich konnte die Zahl der – meist von Frauen eingenommenen – Arbeitsplätze innerhalb eines Jahrzehnts nahezu vervierfacht werden. Sie lag Ende der Fünfzigerjahre bei knapp 3.700.

Trotz dieser positiven Daten war die Industrialisierung Regensburgs noch immer unterentwickelt. Nur 62 von 1.000 Einwohnern waren in der Industrie beschäftigt. Die wesentlich kleineren oberpfälzischen Städte Amberg, Weiden und Schwandorf mit ihren Großbetrieben zur Porzellanherstellung, Eisenverhüttung und Aluminiumerzeugung wiesen weitaus höhere Industrialisierungsgrade auf. Die Ansiedlung weiterer Unternehmen in Regensburg war jedoch aufgrund des abzusehenden Mangels an Arbeitskräften kaum realisierbar. Zudem hielt die Abwanderung von Arbeitskräften aus Ostbayern in die Ballungsräume an – ein Phänomen, das sich auch durch arbeitsmarktpolitische Gegensteuerung nicht wesentlich beeinflussen ließ. So lag die Arbeitslosigkeit in Regensburg am 30. September 1957 bei 4,2 %, während im Bundesdurchschnitt mit 1,9 % nach volkswirtschaftlichen Kriterien Vollbeschäftigung erreicht war. Das zur Verfügung stehende Arbeitnehmerpotential war daher nahezu ausgeschöpft. Eine Lösung des Problems brachte erst die Anwerbung von Gastarbeitern, die Anfang der Sechzigerjahre einsetzte.

Statistisch gesehen hatte 1957 jeder Oberpfälzer ein Sparguthaben von nur 237 DM. Trotz dieser schwachen finanziellen Rückversicherung gab es in der Region einen Geburtenüberschuss von 8,7 %.

Viele der in den Fünfzigerjahren nach Regensburg gekommenen Unternehmen existieren mittlerweile nicht mehr. Ganze Industriezweige, wie die Mode- und Textilbranche (Elfi-Strumpffabrik, Triumph, Bleimund, Rieger + Schildt, Teppichwerk usw.), haben vor allem in den Siebziger- und Achtzigerjahren infolge der steigenden Lohnkosten ihre Produktion eingestellt oder ins Ausland verlagert. Andere Betriebe sind in größeren, international operierenden Konzernen aufgegangen. Nachhaltig war der Wandel auch in der Grund- und Baustoffindustrie sowie im Fahrzeug- und Maschinenbau. Ziegeleien wurden geschlossen, und einst so beliebte Erzeugnisse wie der Messerschmitt-Kabinenroller erwiesen sich langfristig als nicht wettbewerbsfähig. So wird der Betrachter der historischen Bilder auf Firmennamen stoßen, die er allenfalls noch aus den Erzählungen seiner Eltern und Großeltern kennt. Aber all diese verschwundenen Betriebe sind Teil der Industrie- und Wirtschaftsgeschichte unserer Stadt.

Anschaulich dokumentiert die Gegenüberstellung der Bilder auch den Wandel im Verkehrsgewerbe und die allmähliche Anbindung Regensburgs an die überregionalen Verkehrswege.

Kleiderfertigung Firma Bleimund 1949

Fertigung des Messerschmitt-Kabinenrollers 1 1949

Hafenwirtschaft

Wie ein roter Faden ziehen sich in den Fünfzigerjahren Artikel über den Hafen und die Donauschifffahrt durch die Wirtschaftsseiten der Tagespresse und die Berichte der Industrie- und Handelskammer Regensburg.
Obwohl nach 1945 alle Außenhandelsbeziehungen Deutschlands mit den Donauländern zerstört waren und nur wenige Flusskilometer unterhalb von Linz der russische Einflussbereich begann, entwickelte sich bereits ab 1947 ein regelmäßiger Warenverkehr über Regensburg zu den Vereinigten Österreichischen Stahlwerken. Insbesondere Kohle wurde von der Ruhr nach Österreich transportiert. 1950 liefen schon 1,3 Mio. Tonnen, vor allem Kohle, Erz und Stahl, über den Regensburger Hafen. Dies übertraf bereits den Rekordumschlag aus der Vorkriegszeit. Bis 1957 stieg der Güterverkehr weiter auf 3,15 Mio. Tonnen im Jahr an – eine Menge, die nur in permanenten Tag- und Nachtschichten bewältigt werden konnte.

In den Umschlagbetrieben und an den Kais fanden 1.500 Arbeiter und Angestellte ihr Auskommen, die Werften boten 600 Arbeitsplätze, und in der heimischen Schifffahrt selbst standen im Land- und Fahrdienst rund 800 Beschäftigte auf den Lohnlisten. Wohl nirgends in Regensburg war der Aufschwung der Nachkriegszeit deutlicher sichtbar als an der Donaulände unterhalb der Eisernen Brücke bis hinab zu den Kais des Luitpold- und des Petroleumhafens.

Da die Kapazität der bestehenden Hafenanlagen nur bei ca. 1,3 Mio. Tonnen im Jahr lag, kam es gegen Ende der Fünfzigerjahre zum Neubau eines weiteren Hafenbeckens.

Tram vor dem Justizpalast 1960

Stadt- und Verkehrsplanung, Altstadtsanierung

Die neue geopolitische Lage der Stadt nach dem Zweiten Weltkrieg musste auch ihren Niederschlag in der Stadt- und Verkehrsplanung finden. 1956 legte das Stadtbauamt den so genannten Wirtschaftsplan vor, einen Vorläufer des Flächennutzungsplanes, in dem die großen Linien der Stadt- und Verkehrsplanung für die nächsten 20 Jahre skizziert waren. Dabei ging es vor allem um die Fragen, wo zukünftig Wohnbau- und Gewerbeflächen entstehen sollten und welche Grundstücke es für überregionale Verkehrsverbindungen freizuhalten galt. Verwaltung und Stadtrat waren sich einig, dass im Westen der Stadt gewohnt werden sollte, während im Osten und Südosten Entwicklungsmöglichkeiten für Gewerbe und Industrie geschaffen werden sollten. Dieser Maxime blieb man im Wesentlichen auch treu, doch gelang es nicht, die Eigendynamik auf dem weitläufigen Gelände des ehemaligen Messerschmitt-Flugzeugwerks im Stadtwesten nachhaltig zu beeinflussen. Schon Ende der Vierzigerjahre hatten sich dort entgegen der Zielvorstellung des Stadtbauamtes Nachfolgebetriebe etabliert, und Jahre später erwarb sogar die Stadt selbst große Flächen von Messerschmitt, um diese für Betriebsansiedlungen (z. B. Siemens) zur Verfügung zu stellen.

Der öffentlich geförderte Wohnungsbau erlebte in den Fünfzigerjahren einen Boom. Die Schwerpunkte lagen im Westen der Stadt (Lessingstraße, Teile der Margaretenau) sowie im Süden und Südosten (Bereich Eisbuckel, Karthauserstraße, Ganghofersiedlung, Hermann-Geib-Straße, Humboldtstraße, Greflingerstraße, Kasernenviertel). Ferner entstanden im Osten Wohnbauten am Hohen Kreuz und im Norden im Bereich der Arbersiedlung, der Brandlberger Straße und der Isarstraße.
Jahr für Jahr kamen etwa 1.000 neue Wohnungen dazu. Angesichts der Wohnungsnot war dies aber nur ein *„Tropfen auf den heißen Stein"*, wie Oberbürgermeister Hans Herrmann 1957 in einem Beitrag für den Tagesanzeiger bemerkte. Von den 9.000 Familien, die damals eine neue Wohnung suchten, musste die Hälfte der Kategorie „Elends- und Katastrophenfälle" zugeordnet werden.

Am Wohnungsbau beteiligten sich eine Reihe von Genossenschaften, Bauvereinen und Gesellschaften, so etwa der Wolfgangsbauverein e.V., die Stadtbau GmbH, die Baugenossenschaft Margaretenau, die Baugenossenschaft Stadtamhof und Umgebung eG, die Postbaugenossenschaft eG, die Bundesbahnwohnungsgesellschaft, die Gemeinnützige Baugenossenschaft Neue Heimat, das Katholische Wohnungs- und Siedlungswerk und die Landeswohnungsfürsorge, aber auch kirchliche Stiftungen und private Investoren, wie Tausendpfund oder der Bayerische Lloyd.

In der Altstadt lebten in den Fünfzigerjahren etwa 30.000 Menschen. Sie war damit der am dichtesten bevölkerte Wohnstandort Regensburgs. Die baulichen Mängel an den historischen Gebäuden waren unübersehbar. Das Problem der Altstadtsanierung war spätestens ab 1955 auf der Tagesordnung der Bauverwaltung. Erste konzeptionelle Überlegungen wurden angestellt, Geldgeber gesucht. Letztlich gelang es, die Sanierung der Regensburger Altstadt als nationale Aufgabe darzustellen. Denn schließlich handelte es sich seit 1945 um die einzige in ihrer baulichen Geschlossenheit erhaltene mittelalterliche Großstadt Deutschlands.
Die ersten Häuser wurden 1959 in der Keplerstraße saniert. Clemens Steinbauer, Regierungsbaumeister beim Stadtbauamt, bezeichnete die Altstadtsanierung damals als *„Aufgabe einer Generation"*. Inzwischen ist bereits die dritte Generation dabei, sich dieser für Regensburg so wichtigen Herausforderung zu stellen.
In der Frühzeit der Altstadtsanierung standen allerdings nicht die historischen Gebäude im Vordergrund. Vielmehr ging es um die Lösung der vielschichtigen Verkehrsprobleme. *„Wer in Regensburg ein Auto oder gar einen Omnibus lenken kann, hat wohl den Gipfel der Fahrkunst erreicht..."* schreibt Franz Stahl zum Individualverkehr in der Altstadt am Ende der Fünfzigerjahre. Rund 7.500 Meister der Fahrkunst gab es damals in Regensburg, denn so viele Pkws und Omnibusse waren registriert.

Louis Armstrong in der RT-Halle, 1. Mai 1956

Heute beträgt die Zahl der mobilisierten Verkehrsteilnehmer zwar ein Vielfaches, aber das Befahren aller Gassen und Plätze für jedermann ist nicht mehr zulässig. In den Fünfzigerjahren war diese Art der Verkehrsberuhigung weder geplant noch beabsichtigt. Im Gegenteil: Die autogerechte Stadt sollte geschaffen werden, um, so Stahl, *„moderne Straßenführungen und Massenverkehrsmittel zweckmäßig laufen zu lassen..."*. Dafür war der Bau neuer Donaubrücken notwendig. So gab es die Vision, einen großen Donauübergang vom Hunnenplatz über den Stadtamhofer Gries nach Norden zu schaffen.

Städtische Finanzen

Ein Vergleich mit der Situation in anderen bayerischen Großstädten zeigt, dass die Haushaltslage Regensburgs in den Fünfzigerjahren alles andere als rosig war.

Das Steueraufkommen pro Einwohner lag 1949 bei 54 DM/Einwohner (1961 bei 177 DM/E), in Augsburg bei 82 (1961: 267 DM/E) und in München bei 73 DM/E (1961: 304 DM/E). Anders war die Reihenfolge bei den Verbindlichkeiten. Bei der Pro-Kopf-Verschuldung lag Regensburg 1961 mit 502 DM/E zusammen mit München (553 DM/E) in der Spitzengruppe bayerischer Städte. Die finanziellen Spielräume für städtische Investitionen waren daher denkbar knapp. Die Investitionsrate lag 1961 mit 453 DM/E deutlich unter dem bayerischen Durchschnitt von 506 DM/E.

Fremdenverkehr

Dass Regensburg eine sehenswerte Stadt ist, erkannte man bereits im 19. Jahrhundert. Als 1896 der Fremdenverkehrsverein gegründet wurde, bemerkte Hugo Graf von Walderdorff, der Vorsitzende des Historischen Vereins: *„Regensburg hat im Verhältnis zur Vergangenheit eine kleine Gegenwart … es sollte sich also wohl hüten, das beste Kapital, das es besitzt, seine Altertümlichkeit zu vergeuden. Nur die Altertümlichkeit vermag hier Fremde anzuziehen.“* 1949 wurde der Verein neu gegründet. Mit Sigfrid Färber übernahm 1956 eine kreative und innovative Persönlichkeit den Vorsitz des Vereins. Mit einprägsamen Werbeslogans, wie *„2000jährige Donaustadt“*, *„Schatzkammer der Vergangenheit“*, *„Das mittelalterliche Wunder Deutschlands“* oder *„2000 Jahre in zwei Stunden“* wurden neue Vermarktungsstrategien entwickelt.

Verglichen mit heute befand sich damals der Fremdenverkehr noch in den Kinderschuhen: 1956 wurden 203.000 Übernachtungen gezählt. Hotels, Gasthöfe und Pensionen konnten zusammen gerade einmal 1.000 Gästebetten anbieten.

Zukunftsvision Universität

Neben der allgemeinen Wirtschaftsentwicklung fand in den Fünfzigerjahren die Idee, Regensburg zum Standort einer vierten Landesuniversität zu machen, breite, über den Kreis der Wissenschaftler hinausgehende Unterstützung. Bereits 1946 hatte das bayerische Kultusministerium der Philosophisch-Theologischen Hochschule, der Alma Mater Albertina Ratisbonensis, die Aufgabe übertragen, Studierende der überfüllten und stark kriegszerstörten Landesuniversitäten München, Würzburg und Erlangen auszubilden. Als sich die Lage an diesen Universitäten normalisierte, wurde das Projekt zum Wintersemester 1954/55 sehr zum Leidwesen vieler Regensburger eingestellt. Die hoffnungsvollen Pläne einer vierten Landesuniversität konnten in den Fünfzigerjahren nicht mehr umgesetzt werden. Der Widerstand der bestehenden bayerischen Universitäten und der Bayerischen Akademie der Wissenschaften war noch zu groß. Erst 1962 beginnt mit dem Gesetz über die Errichtung einer vierten Landesuniversität in Regensburg die Geschichte der hiesigen Universität.

ANTON SEDLMEIER
AMT FÜR STADTENTWICKLUNG

STADTENTWICKLUNG GESTERN, HEUTE UND MORGEN

Schattendasein nach dem Krieg

Regensburg in den 1950er Jahren, das war eher eine unscheinbare graue Maus im Reigen der Großstädte, an der die industrielle Revolution relativ spurlos vorüber gegangen war. Die Beschäftigungsstruktur war in erster Linie geprägt durch einen hohen Anteil an Arbeitskräften im Dienstleistungsbereich, insbesondere im Öffentlichen Dienst, so dass Regensburg im Ruf einer „Beamten- und Verwaltungsstadt" stand. Bis 1985 gab es in der Stadt nur vier größere Industriebetriebe. Diese Besonderheit hatte zwar mehrere Vorteile: So blieb die Stadt im Zweiten Weltkrieg weitgehend von Luftangriffen verschont und negative Begleiterscheinungen der Industrialisierung, wie Umweltschäden, Altlasten oder Industriebrachen, spielten kaum eine Rolle. Andererseits entstanden dadurch spezifische Regensburger Probleme, wie große Sanierungsaufgaben in der Altstadt oder ein erheblicher Nachholbedarf bei der überörtlichen Verkehrsanbindung, die durch die Lage im „Zonenrandgebiet" noch verschärft wurde. Während die Autobahn nach Nürnberg Anfang der 1970er Jahre fertig gestellt wurde, besteht eine durchgehende Autobahnverbindung nach München erst seit 1986.

Im Drießl 1955

Die Trendwende

Die Trendwende wurde eingeleitet durch die Gründung der vierten bayerischen Landesuniversität 1962. Nachdem im Wintersemester 1967/68 der Lehrbetrieb aufgenommen und Anfang der 1970er Jahre die Fachhochschule gegründet worden war, stieg die Bevölkerung (vgl. Abb. 1) in kurzer Zeit um mehr als 8.000 Personen an. Da allerdings seit 1969 die Zahl der Geburten stets niedriger war als die Zahl der Sterbefälle und infolge der ungünstigen allgemeinen wirtschaftlichen Entwicklung und der Stadt-Umland-Wanderungen auch der Wanderungssaldo meist negativ ausfiel, sank die Bevölkerung zwischen 1975 bis 1984 wieder auf den Stand Ende der 1960er Jahre. Die Ansiedlung und der Ausbau der beiden Hochschulen einschließlich des Klinikums anfangs der 1980er Jahre hatten jedoch vor allem positive Effekte auf das geistige und kulturelle Klima in der Stadt und der Region und bereiteten den Weg für eine beispiellose wirtschaftliche Entwicklung.

Abb. 1 Entwicklung der Regensburger Bevölkerung seit 1956

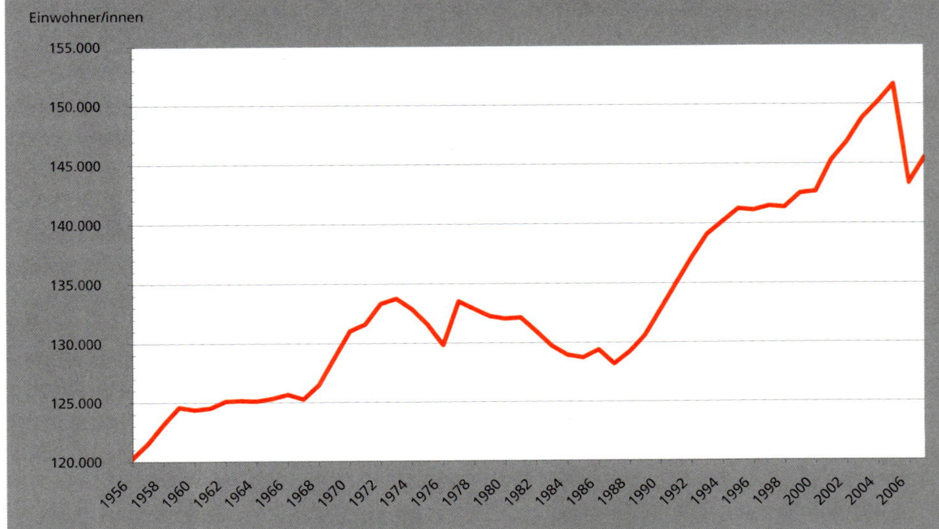

*2006 Bereinigung des Melderegisters

Ab Mitte der 1980er Jahre setzte dann auch eine beinahe kontinuierliche Bevölkerungszunahme ein, die eng mit zwei Ereignissen verknüpft ist: Mit der Ansiedlung eines Automobilwerks der BMW AG und der Inbetriebnahme der Chip-Produktion bei Siemens, heute Infineon, begann eine Dynamik, die sich bis heute unverändert fortgesetzt hat. Durch die Eingemeindungen 1977/78 wurden außerdem die räumlichen Voraussetzungen dafür geschaffen, dass dieses Wachstum auch auf dem Gebiet der Stadt Regensburg selbst stattfinden konnte.

Dynamisches Wirtschaftswachstum

Die Ansiedlung von BMW konnte im Übrigen bereits damals nur durch die Zusammenarbeit mit der Gemeinde Obertraubling und dem Landkreis Regensburg bewerkstelligt werden – also durch die in der Zwischenzeit viel beschworene interkommunale Kooperation. Insbesondere dieses Automobilwerk mit seinen mittlerweile etwa 10.000 Beschäftigten entfaltete eine besondere Signalwirkung und trug dazu bei, dass der produzierende Sektor – ganz im Gegensatz zu anderen Städten – an Bedeutung zulegen konnte.

Mit der Gründung des Bio-Parks zu Beginn der 1990er Jahre begann die Abrundung um weitere zukunftsträchtige Technologiefelder, die mit der Etablierung des IT-Speichers konsequent weitergeführt wurde. Außerdem ist Regensburg ein führender Standort für Sensorik und beherbergt Weltmarktführer im Bereich der Energietechnik. Durch diese breit aufgestellte und vielseitige Struktur der ansässigen Unternehmen ging auch die wirtschaftliche Rezession der 1990er Jahre relativ spurlos an der ostbayerischen Wirtschaftsmetropole vorüber. Dennoch hat es mehr als ein Jahrzehnt gedauert, bis sich die positive Beschäftigungsentwicklung so spürbar am Arbeitsmarkt bemerkbar machte, dass die Arbeitslosenquote im Raum Regensburg auf ein Niveau zurückging, das dem bayerischen Durchschnittswert entspricht. Mittlerweile gehört der Arbeitsplatzbesatz (siehe Abb. 2), also das Verhältnis von Beschäftigten zu Einwohnern, zu den höchsten im Bundesgebiet. Damit wird zum einen eindrucksvoll die Bedeutung Regensburgs als potenter Wirtschaftsstandort, zum anderen aber auch die Bedeutung für die ostbayerische Region unterstrichen, da von den Arbeitnehmer/innen am Ort weniger als ein Drittel in der Stadt wohnt und mehr als zwei Drittel von außerhalb einpendeln.

Abb. 2 Arbeitsplatzbesatz deutscher Großstädte 2006

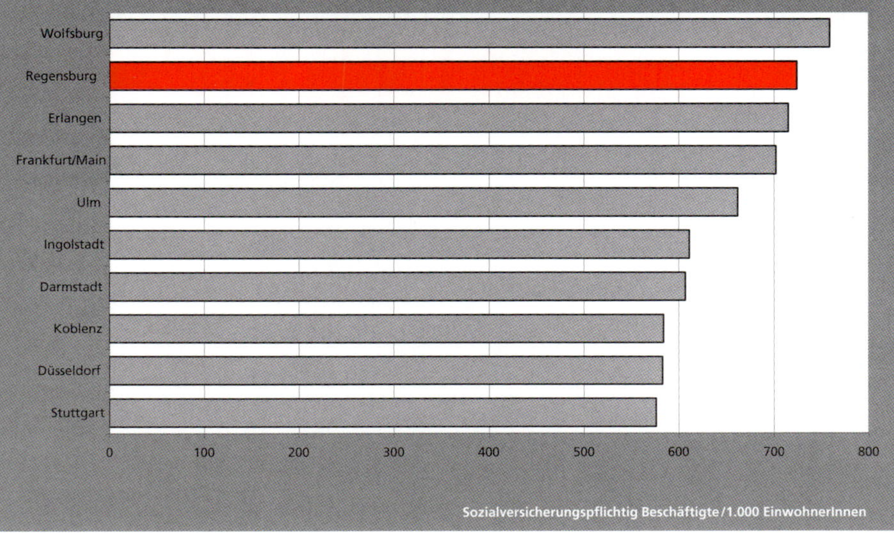

Die Ostbayern-metropole heute

Heute ist Regensburg eine Stadt mit über 145.000 Einwohner/innen mit Erst- oder Zweitwohnsitz und mit mehr als 130.000 Arbeitsplätzen.
Der scheinbare Bevölkerungsrückgang im Jahr 2006 ist auf eine Bereinigung durch das Einwohnermeldeamt zurückzuführen, bei der etwa 9.500 Personen über Nacht aus dem Melderegister verschwunden sind. Die „Wohlfühlrate", also der Anteil der Bevölkerung, der mit seiner Stadt (sehr) zufrieden ist, ist eine der höchsten im Bundesgebiet. Etwa 23.500 Studierende besuchen die drei Hochschulen, wobei die Hochschule für Katholische Kirchenmusik und Musikpädagogik eine besondere Rarität darstellt. Durch ein umfangreiches und vielseitiges Einzelhandelsangebot hat Regensburg vor allem nach der Errichtung des Donau-Einkaufszentrums im Jahr 1967 wieder seine frühere Bedeutung als Handelsstadt erreicht und gehört heute mit einem Einzugsgebiet von mehr als 600.000 Einwohner/innen zu den deutschen Großstädten mit der höchsten Zentralität. Großereignisse, wie das Fest der Bayern, der Besuch von Papst Benedikt XVI. oder die Ernennung zum Welterbe, sowie eine konsequente Marketingstrategie haben auch zu einem kontinuierlichen Anstieg der Besucher/innen aus aller Welt geführt, die sich die „nördlichste italienische Stadt" mit einem überreichen Kulturangebot nicht entgehen lassen wollen.

Singles auf dem Vormarsch

Die positive wirtschaftliche Entwicklung geht einher mit einer intensiven Bautätigkeit, die sich spürbar im Siedlungskörper (vgl. Abb. 3) bemerkbar macht. Seit dem Zweiten Weltkrieg hat sich die Fläche, die für Wohnbauzwecke genutzt wird, mehr als verdoppelt.

Abb. 3
Entwicklung der Siedlungsfläche im Regensburger Stadtgebiet

Bis 1955 n. Chr.

Bis 2000 n. Chr.

Dies ist zwar auch auf das Bevölkerungswachstum zurückzuführen, hat jedoch seine Hauptursache in Verschiebungen der Haushaltsstruktur: So ist z. B. zwischen den Volkszählungen 1970 und 1987 die Bevölkerung um 0,6 % zurückgegangen, wohingegen die Anzahl der Haushalte um knapp 30 % gestiegen ist. Hierbei nahmen die Single-Haushalte am stärksten zu und machen zwischenzeitlich die Hälfte aller Haushalte aus. Aufgrund dieser strukturellen Veränderungen und steigender Realeinkommen in der Vergangenheit erhöhte sich die durchschnittliche Wohnfläche pro Kopf zwischen 1968 und 2008 von 24 auf 42 m².

Nach allen vorliegenden Prognosen wird die Bevölkerung in Regensburg zumindest in den kommenden 20 Jahren weiter zunehmen. So geht das Bayerische Landesamt für Statistik und Datenverarbeitung in seiner jüngsten Bevölkerungsvorausschätzung (siehe Abb. 4) davon aus, dass die Regensburger Hauptwohnsitzbevölkerung bis zum Jahr 2025 noch um mehr als 8.000 Personen zunehmen wird. Durch die Veränderungen in der Altersstruktur, d. h. insbesondere die starke Zunahme der 40- bis 60-Jährigen und der älteren Jahrgänge, wird eher das Wohnen in integrierten Lagen mit guter Infrastruktur und kurzen Wegen begünstigt.

Abb. 4 Mögliche Entwicklung der Bevölkerung mit Hauptwohnsitz bis 2025

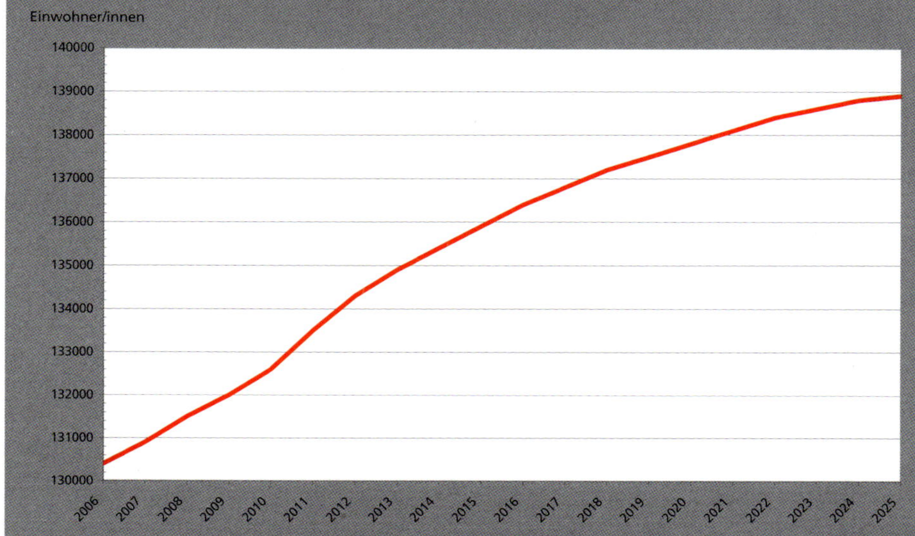

Quelle: Bayerisches Landesamt für Statistik und Datenverarbeitung (2007) - Variante W 1a

Wohnen tendiert zur Mitte

Für die weitere Stadtentwicklung ergibt sich daraus ein eindeutiger Trend zur Innenentwicklung, der durch steigende Energie- und Mobilitätskosten noch verstärkt werden wird. Das bedeutet, dass sich die bauliche Entwicklung in erster Linie auf Flächen im innerstädtischen Raum konzentrieren wird, die umgenutzt werden, was insbesondere für die aufgegebenen Kasernenareale oder die ehemaligen Flächen der Deutschen Bahn zutrifft. Das klassische Eigenheim wird zwar auch künftig einen nicht unerheblichen Marktanteil aufweisen, weil der Wunsch nach Wohnen in den eigenen vier Wänden nach wie vor ungebrochen ist. Die dominierende Wohnform wird jedoch das Wohnen zur Miete bleiben, zumal die Tendenz zunimmt, im Laufe eines Berufslebens öfter den Arbeitgeber und damit den Wohnstandort zu wechseln bzw. wechseln zu müssen. Insbesondere für eine alternde Gesellschaft gewinnen Kleinstrukturen und funktionierende Nachbarschaften an Attraktivität. Gefragt werden deshalb zunehmend überschaubare Wohnanlagen (z. B. Mehr-Generationen-Häuser) sein, die ein gegenseitiges Kennenlernen und Helfen erleichtern. In nackten Zahlen ausgedrückt bedeuten diese Perspektiven, dass bis zum Jahr 2010 jährlich etwa 700 und zwischen 2011 und 2020 jährlich etwa 500 neue Wohnungen gebaut werden müssen, um die weiterhin anhaltende Nachfrage decken zu können.

Vorrang für Gewerbe

Noch deutlich stärker als die Wohnbauflächen stiegen seit den 1980er Jahren die Gewerbeflächen. Während zwischen 1980 und 2004 die Gebäude- und Freiflächen um etwa 55 % zulegten, betrug das parallele Wachstum bei den Gewerbeflächen 126 %. Seit geraumer Zeit zeichnet sich jedoch eine Verknappung von gewerblich nutzbaren Flächen insbesondere in städtebaulich integrierten Lagen ab. Vor allem für kleinere Betriebe wird es immer schwieriger, passende Standorte zu finden, da in innerstädtischen Lagen gewerbliche Flächen zunehmend zugunsten der dort starken Nachfrage nach Wohnungen aufgegeben wurden und neue Gewerbeflächen am Stadtrand nicht mehr beliebig ausgewiesen werden können. Bis zum Jahr 2015 wird der zusätzliche Gewerbeflächenbedarf auf ca. 65 ha geschätzt und bis zum Jahr 2025 auf 154 bis 182 ha. Dem stehen zwar rein rechnerisch ca. 320 ha Flächenreserven im Flächennutzungsplan gegenüber, die jedoch zu einem erheblichen Anteil nicht so ohne weiteres aktivierbar sind, da sie sich z. B. in Privateigentum befinden, Altlasten aufweisen oder aus anderen Gründen dem Markt nicht zur Verfügung stehen. Vor diesem Hintergrund wird die Stadt Regensburg in Zukunft verstärkt gewerblich nutzbare Flächen sichern und aktivieren, aber auch die Zusammenarbeit mit den Umlandkommunen intensivieren, um die Grundlage für weiteres wirtschaftliches Wachstum für die ganze Region zu gewährleisten (vgl. Abb. 5) .

Abb. 5
Übersicht Gewerbeflächenkonzept 2025 der Stadt Regensburg

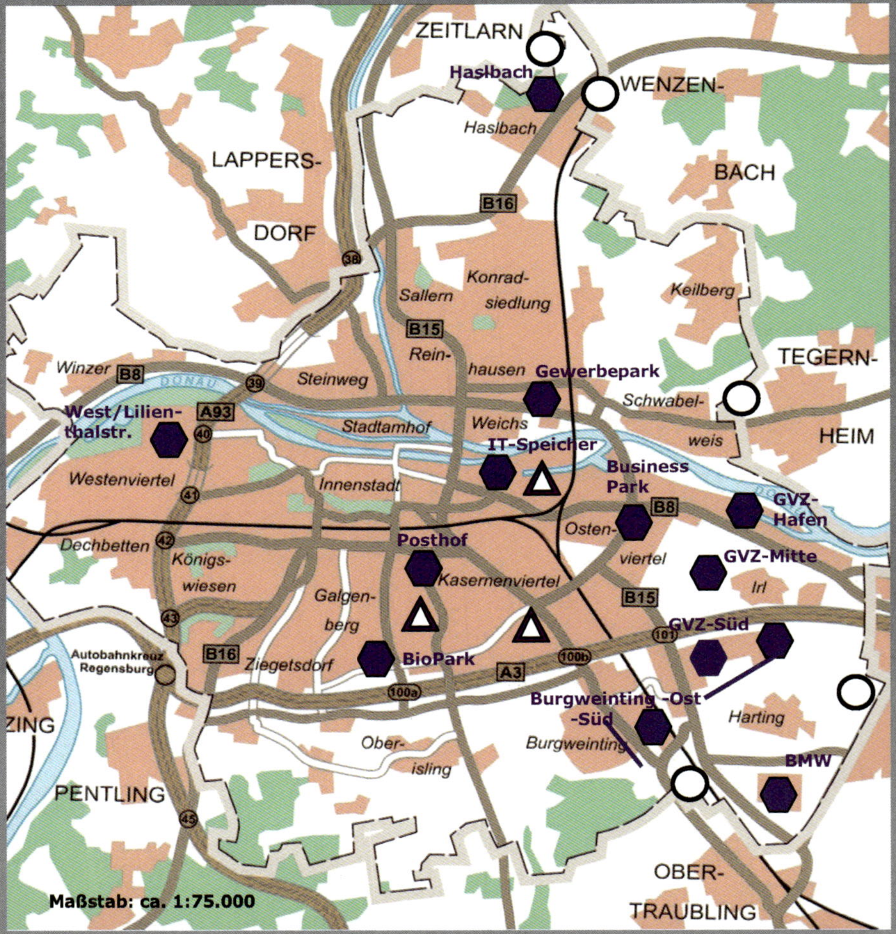

Bestehende Gewerbeschwerpunkte im Innen- und Außenbereich der Stadt Regensburg: Sicherung über Bestandsschutz, Nachverdichtungen, Arrondierungen und/oder Erweiterungen im Rahmen der Ausweisungen im Flächennutzungsplan 2006

Größere **Gewerbeflächenpotenziale** im Innenbereich durch künftige Auflassungen (Südzucker AG) und Konversion innerstädtischer Kasernen (Stand 04/2008)

Prüfung bzw. weitere Umsetzung von **Interkommunalen Gewerbegebieten** im Außenbereich

Eine Stadt mit Zukunft

Regensburg ist heute eine der wenigen Städte in Deutschland, denen beste Zukunftschancen (vgl. Abb. 6) prophezeit werden. Die graue Maus hat sich zu einer strahlenden Prinzessin gemausert. Es wäre allerdings fatal, wenn dies dazu führen würde, die Hände in den Schoß zu legen und sich im Glanz des Erfolgs zu sonnen. Die Stadt muss weiterhin kräftig daran arbeiten, die Rahmenbedingungen für einen zukunftsorientierten Wirtschaftsstandort zu gewährleisten. Die Ziele und Leitprojekte dafür sind im Regensburg-Plan 2005 definiert: Dazu gehören neben dem weiteren Ausbau der Verkehrsinfrastruktur im Inneren, wie der Verlängerung der Osttangente und dem Bau der Sallerner Regenbrücke, auch die äußere Verkehrsanbindung und hier vor allem die direkte Schienenanbindung an den Flughafen München oder nach Tschechien mit der Donau-Moldau-Bahn. Besonders wichtig werden die weichen Standortfaktoren, allen voran die Investitionen in Bildungseinrichtungen, wie der Internationalen Schule oder einem beruflichen Bildungszentrum. Als kräftiger Impuls für die Altstadt kommt dem Kultur- und Kongresszentrum eine entscheidende Rolle zu und auch die Frage der Donauübergänge vor allem für den öffentlichen Personennahverkehr muss im Dialog mit einer kritischen Bürgerschaft bald beantwortet werden.

Durch eine noch stärkere Zusammenarbeit mit dem Umland können zusätzliche Synergien genutzt werden, die Regensburg in die Lage versetzen, sich zu einem international wettbewerbsfähigen Standort mit hoher Lebensqualität zu entwickeln, der für einen Raum, der über Ostbayern hinausgeht, eine Motorfunktion übernehmen kann. Noch im Jahr 2000 fiel der Hälfte der Bundesbürger/innen überhaupt nichts zu Regensburg ein. Es wird Zeit, dass sich das ändert.

Abb. 6 Räume mit den besten Zukunftschancen

Quelle: Prognos Zukunftsatlas 2007

JOACHIM LENZ
AMT FÜR STADTENTWICKLUNG

EINFÜHRUNG

Die Sage von Dädalus und Ikarus erzählt von Menschheitsträumen. Nicht nur von dem Traum zu fliegen, sondern auch davon, die Welt einmal von oben mit den Augen der Götter zu betrachten. Schon sehr früh, als die technischen Voraussetzungen für die „Aussicht der Götter" noch nicht gegeben waren, haben die Menschen versucht, ihren Lebensraum aus der Vogelperspektive darzustellen. Ein überzeugendes Beispiel hierfür ist die Darstellung der Stadt Regensburg durch Bahre aus dem Jahre 1614.

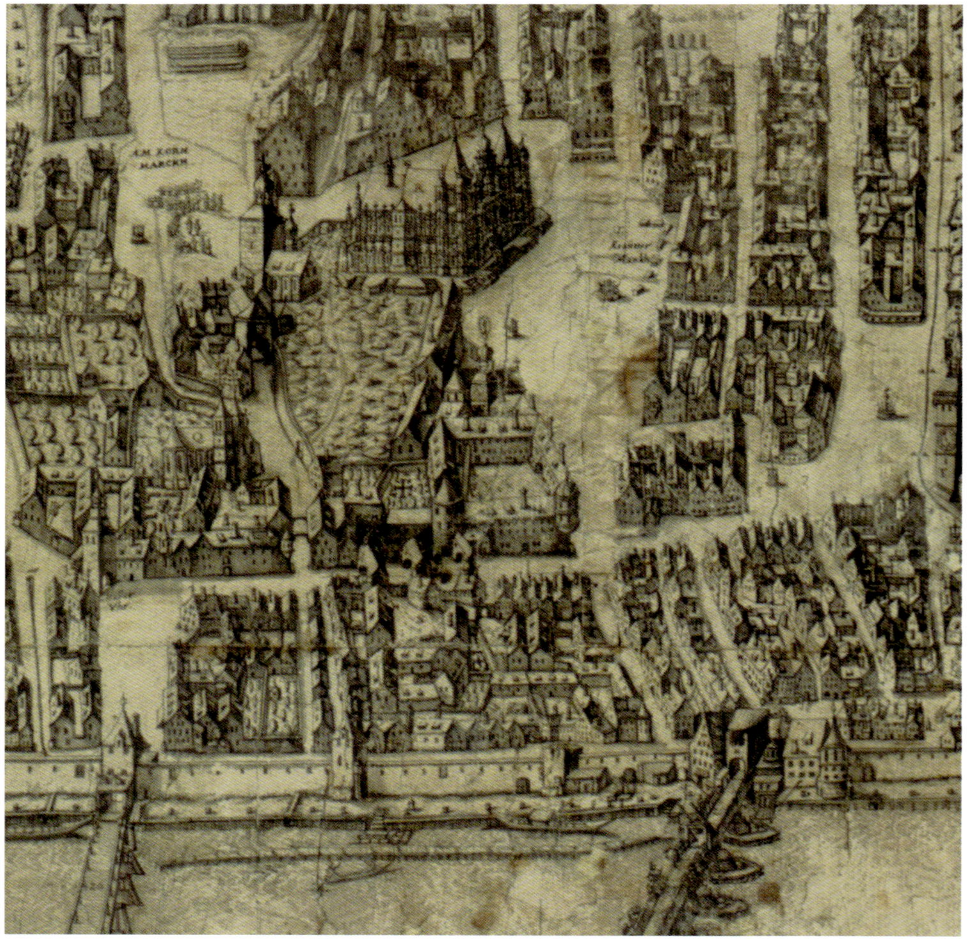

Bahre 1614

Ganz allgemein zeigt eine Karte nichts anderes als einen Bildausschnitt der Welt in der Draufsicht und gestattet, ohne Blickhindernisse die Dimension der Fläche zu erfassen. Der Begriff Karte stammt ursprünglich vom lateinischen *charta* (Brief, Urkunde), doch er wurde erst im 15. Jahrhundert gebräuchlich. Vorher war die Bezeichnung *mappa* üblich, die im englischen Sprachgebiet noch als *map* für Landkarte erhalten geblieben ist.

In der frühen Neuzeit kam es zur Entwicklung von kartenverwandten Darstellungen, deren praktischer Nutzen vor allem Reisende und Händler erfreute. Hervorgehoben sei die Reisekarte als Vorläufer des Straßenatlas, der Stadtplan und auch die Stadtansicht aus der Vogelschau. Diese speziellen kartografischen Produkte entsprachen den Bedürfnissen der modernen Kaufleute, die in ganz Europa unterwegs waren und sich in fremden Ländern orientieren mussten. Gerade die Stadtansichten aus der Vogelschau erinnern in ihrer Aussagekraft an die heutigen Schrägluftbilder.

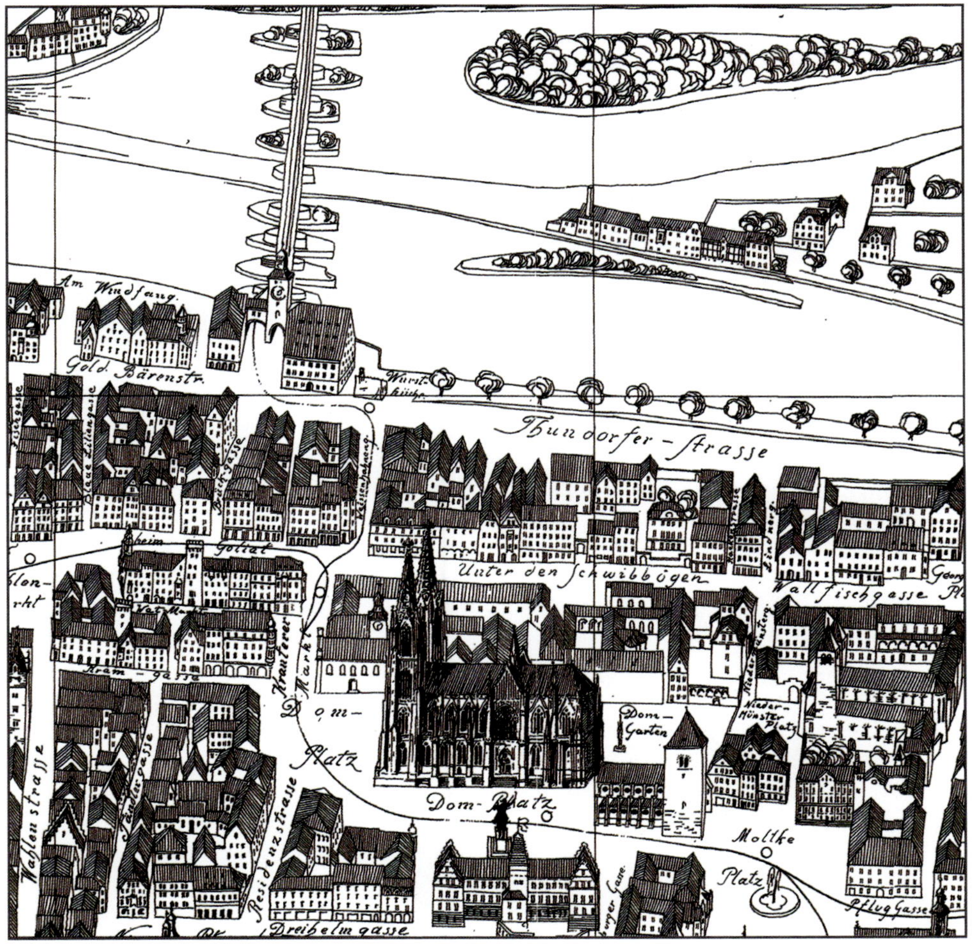

3D-Stadtplan ca. 1930

Durch die Erfindung der Fotografie – die ersten Fotografien wurden 1826 angefertigt – wurde es erstmals möglich, einen Augenblick im Bild festzuhalten. Zunächst beschränkte sich die Fotografie auf Porträt- und Landschaftsaufnahmen. Doch die Erfüllung des alten Traums, die Welt aus der Vogelperspektive zu betrachten und diesen Moment im Bild (Luftbild) festzuhalten, war nicht mehr fern. Denn die technische Entwicklung der Luftbildfotografie stand in engem Zusammenhang mit dem rasanten Fortschritt in der Luftfahrt. Im Oktober 1858, nur sechs Jahre nach dem ersten motorisierten Ballonflug der Geschichte durch Henri Giffards, fotografierte der Franzose Gaspard-Félix Toumachon von einem Ballon aus die ersten Luftbilder von Paris. Obwohl Toumachon es ablehnte, 1859 im Krieg gegen Österreich dem militärischen Geheimdienst seine Kenntnisse zur Verfügung zu stellen, ist es das Militär, dem die Luftbildfotografie ihre Weiterentwicklung verdankt. Der militärische Nutzen der Luftbildfotografie war unbestritten und so wurden bereits im amerikanischen Bürgerkrieg (1861 – 1865) die Truppen der Union durch Luftaufklärung mit Hilfe eines Fesselballons unterstützt.

In Großbritannien kamen um 1890 unbemannte Freiballone mit automatischen Kameras zum Einsatz. Bei einem Übungsflug mit diesen Kriegsballonen entstanden zufällig Luftbilder der Ruinen von Stonehenge. Seither gilt dieser Flug als Geburtsstunde der Luftbildarchäologie. Dass Luftbilder den Archäologen bei ihrer Arbeit gute Dienste erweisen können, liegt auf der Hand: Aus der Vogelschau sind Strukturen alter Stadtanlagen, verschüttete oder versandete Nekropolen, steinzeitliche Kultstätten oder antike Bewässerungssysteme weitaus deutlicher zu sehen. Sogar Erstentdeckungen werden möglich, wenn ein Gelände aus der Luft charakteristische Strukturen zeigt, die auf frühere Bebauung oder Besiedlung hinweisen. Denn das Luftbild zeigt den exakten Zustand eines Geländes im Augenblick der Aufnahme mit allen beweglichen oder auch zufälligen Einzelheiten. Alle Objekte werden entsprechend ihrer Entfernung zur Kamera maßstabsgetreu, ohne Unterscheidung ihrer Wichtigkeit und Wertigkeit fotografisch nach den physikalischen Gesetzen der Zentralprojektion aufgenommen.

Eine neue Ära der Luftbildfotografie brach an, als 1903 die Pionierleistung der Brüder Wright gelang: Sie absolvierten einen 59 Sekunden dauernden Motor betriebenen Gleitflug. Fünf Jahre nach dem legendären Flug der Gebrüder Wright gelang 1908 Hans Grade der erste Motorflug in Deutschland. Am kurz zuvor eröffneten Flughafen Berlin Johannisthal flog er mit seiner selbst entwickelten und gebauten Maschine eine Acht. Vier Minuten und 4 Sekunden blieb er in der Luft und gewann damit ein Preisgeld von 40.000 Mark. Da das Flugzeug schneller und wendiger als die früher gebräuchlichen Flugmaschinen wie Ballone und Luftschiffe war, konnte es auch längere Distanzen zurücklegen und entwickelte sich rasch zu einem wichtigen Instrument der Luftaufklärung und damit auch der Luftbildfotografie.

Von Anfang an gab es zwei unterschiedliche Aufnahmetechniken zur Erstellung von Luftbildfotografien. Die Schrägaufnahme, also den „Blick von der Seite", und die Senkrechtaufnahme, den „Blick von oben". Während Schrägaufnahmen in der Regel aus geringer Flughöhe mit einer in der Hand gehaltenen Kamera gemacht werden, erfordern Senkrechtaufnahmen eine anspruchsvolle Apparatur, da die optische Achse genau senkrecht zur Erdoberfläche gerichtet sein muss. Dazu werden Spezialkameras an der Unterseite eines Flugzeugs fest eingebaut. Die aus größerer Höhe aufgenommenen Senkrechtluftbilder entsprechen der Darstellung auf einer Karte und werden zur kartografischen Fortführung oder Erstellung von Karten verwendet.

Schrägluftbilder sind anschaulicher als Senkrechtluftbilder und ihr Anblick wirkt vertrauter. Zudem ist der Wiedererkennungswert höher, da man hier in der Seitenansicht unter anderem auch Häuserfassaden sehen kann. Der Nachteil des Schrägluftbildes ist jedoch, dass das aufgenommene Gelände perspektivisch verzerrt abgebildet ist. Je nach Abweichung der Aufnahmerichtung von der Lotrechten ergeben sich mehr oder weniger ausgedehnte „tote" Geländeteile. Diese entstehen durch Verdeckung des Bildhintergrundes durch größere Objekte des Bildvordergrundes.

Seit den 1970er Jahren führt das Amt für Stadtentwicklung ein Luftbildarchiv. Während zu Beginn der Fokus hauptsächlich auf Senkrechtaufnahmen gerichtet war, um vor allem in den Eingemeindungsgebieten verlässliche Daten für die Kartenfortführung zu erhalten, werden seit den 1990er Jahren fast nur noch Schrägaufnahmen zur Dokumentation der Stadtentwicklung von Regensburg in Auftrag gegeben. 6.000 Schrägaufnahmen und die gleiche Anzahl an Senkrechtaufnahmen lagern derzeit im Archiv.

„Luftbild damals" – „Luftbild heute": Nichts dokumentiert die rasante bauliche Entwicklung der Stadt Regensburg besser als dieser direkte Vergleich. Dies war auch einer der Gründe, die das Amt für Stadtentwicklung dazu bewogen hat, einen Teil seiner „Schätze" einer breiteren Öffentlichkeit vorzustellen. Die Auswahl der gezeigten Aufnahmen orientiert sich vor allem daran, welche aussagekräftigen Aufnahmen aus den 1950er Jahren noch vorhanden waren. Allerdings war es nicht möglich, bei den neuen Aufnahmen aus dem Jahr 2007 und 2008 die Perspektive exakt beizubehalten. Der Grund: Früher flog man deutlich tiefer, als es heute gesetzlich zulässig ist.

Senkrechtaufnahme 2005

Lange haben wir überlegt, wie wir Systematik in die Bilder bringen können. Letztendlich haben wir uns dafür entschieden, **das Stadtgebiet von Regensburg in 5 Sektoren** einzuteilen, die sich meist an den Grenzen der heutigen Stadtbezirke orientieren.

Die Bilderschau beginnt im Zentrum von Regensburg mit der **Altstadt und Stadtamhof** und ist weitgehend identisch mit den heutigen Stadtbezirken
01 = **Innenstadt und**
02 = **Stadtamhof.**

Anschließend folgt der **nordwestliche Sektor** mit den Stadbezirken
03 = **Steinweg – Pfaffenstein,**
15 = **Westenviertel und**
16 = **Ober- und Niederwinzer – Kager**
sowie den Bildern aus dem Stadtbezirk 01, die südlich des Alleengürtels von Regensburg liegen.

Im Uhrzeigersinn geht es weiter zum **nordöstlichen Sektor** mit den Stadtbezirken
04 = **Sallern – Gallingkofen,**
05 = **Konradsiedlung – Wutzlhofen,**
06 = **Brandlberg – Keilberg,**
07 = **Reinhausen,**
08 = **Weichs und**
09 = **Schwabelweis.**

Der **südöstliche Sektor** startet mit den Stadtbezirken
10 = **Ostenviertel,**
11 = **Kasernenviertel,**
18 = **Burgweinting – Harting**
und reicht bis zu den Bildern aus dem Stadtbezirk 12, die östlich der Galgenbergstraße liegen.

Die Bilderschau endet im **südwestlichen Sektor** mit den Stadtbezirken
12 = **Galgenberg,**
13 = **Kumpfmühl – Ziegetsdorf – Neuprüll,**
14 = **Großprüfening – Dechbetten – Königswiesen und**
17 = **Oberisling – Graß.**

Auch wenn wir nicht wie Dädalus und Ikarus selbst über der Stadt kreisen können, ist es doch erstaunlich, wie viele Überraschungen das vertraute Regensburg bietet, wenn wir einmal die Perspektive wechseln. Lassen Sie sich bei der Lektüre dieses Buches von erstaunlichen Aus- und Einblicken überraschen.

Bedanken möchte ich mich an dieser Stelle auch bei allen, die zum Gelingen dieses Buches beigetragen haben. Bei Herrn Heilmeier und Herrn Dr. Trapp für die teilweise umfangreichen Recherchen zur Erstellung der Bildtexte und der einführenden historischen Anmerkungen „Eine Stadt im Fokus", beim Fotografen Herrn Dietz und seinem Piloten Herrn Huber für die gelungenen Fotos und die unkomplizierte Zusammenarbeit, bei Frau Steinert für viele Anregungen und für die kartografischen Arbeiten sowie bei Herrn Sedlmeier für seinen Beitrag „Stadtentwicklung, gestern, heute, morgen".

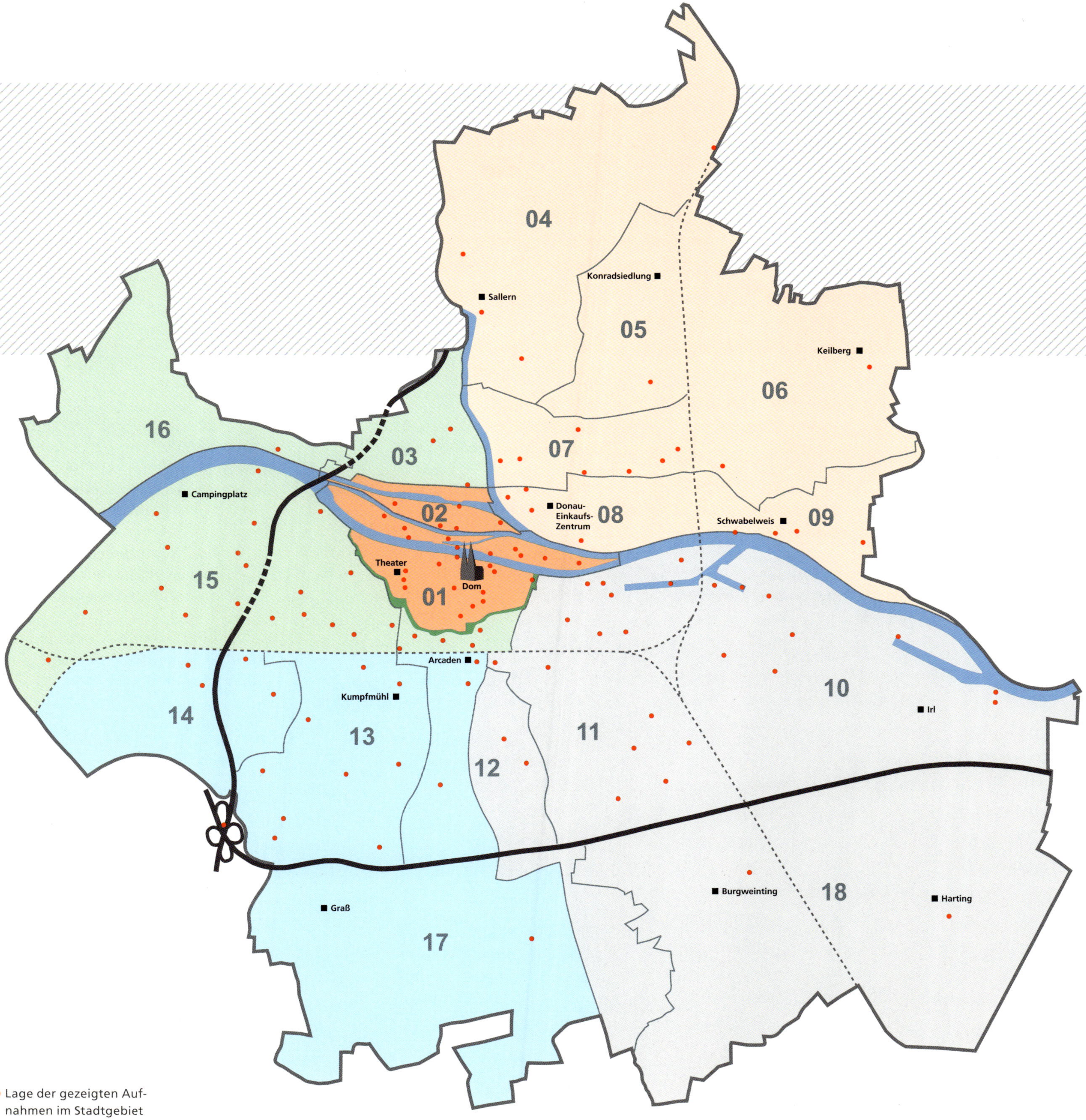

● Lage der gezeigten Aufnahmen im Stadtgebiet

ALTSTADT UND STADTAMHOF

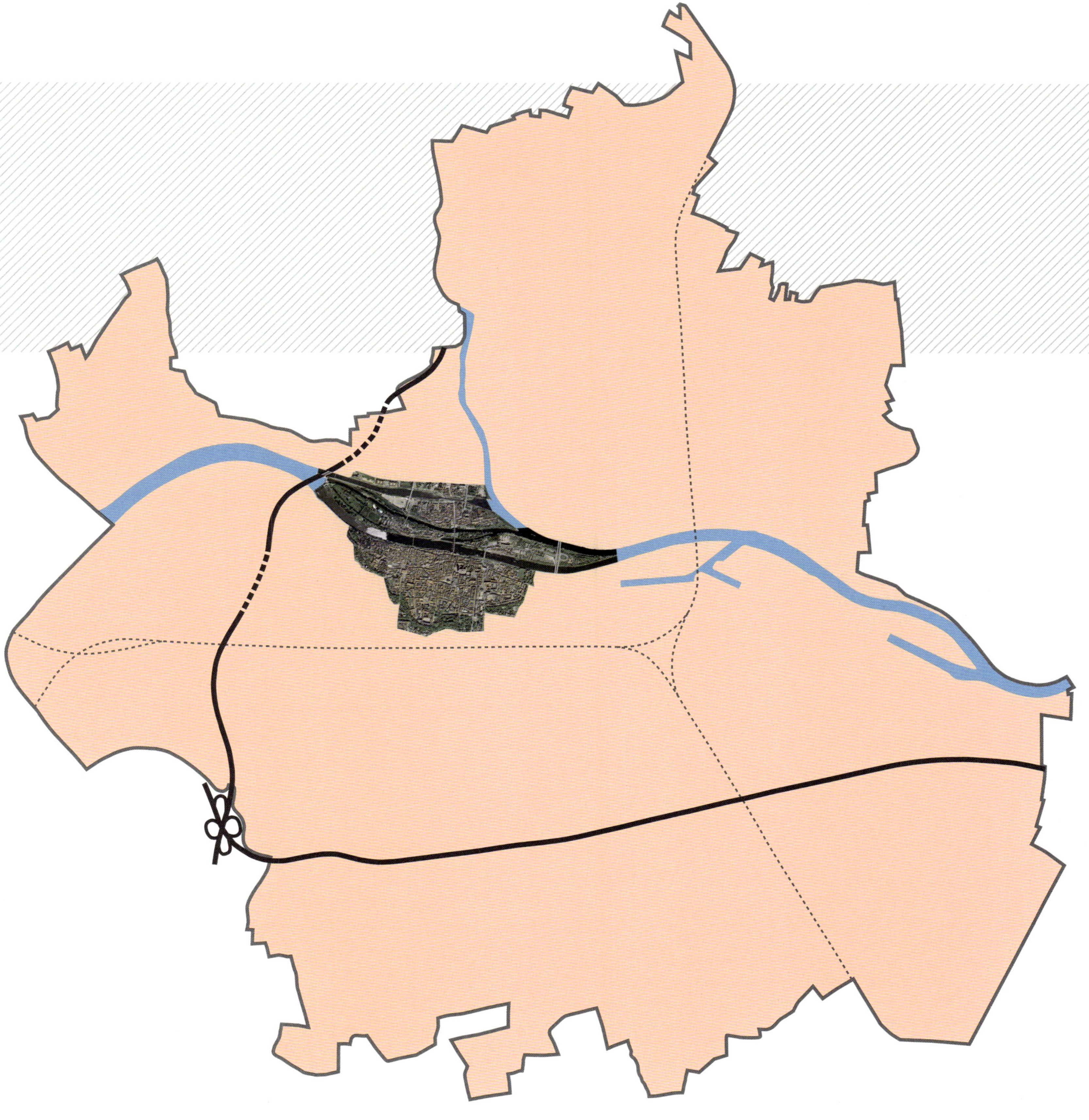

ALTES RATHAUS
Der Blick geht über den nordöstlichen Kernbereich der mittelalterlichen Kaufmannsstadt bis zur Donau mit der Steinernen Brücke. Im Vordergrund ist die Bautengruppe des Alten Rathauses zu erkennen. Rathausplatz und Kohlenmarkt dienten im Jahr der Aufnahme (1958) noch scheinbar selbstverständlich als Verkehrs- bzw. Parkierungsfläche. Die zweigleisig über den Kohlenmarkt verlaufenden Straßenbahnschienen erinnern daran, dass hier von 1903 bis 1964 die Linie 1 der Regensburger Tram verkehrte. Ins Auge fällt auch der „Platz" nordwestlich des Rathauskomplexes: Dort, im Bereich Roter Herzfleck/Silberne-Kranz-Gasse, war es in den 1890er Jahren zum Abbruch von drei Häusern gekommen, so dass sich vorübergehend mitten in der eng bebauten Donauwacht eine gepflasterte Freifläche auftat.

Der Häuserbestand hat sich, zumindest äußerlich, nur geringfügig verändert.
Gänzlich abgebrochen wurde 1965 der historistische Walmdachbau an der Ecke Fischmarkt/Silberne-Kranz-Gasse. An seine Stelle ist im Zuge der damals in diesem Bereich durchgeführten städtischen Sanierungsmaßnahme ein Neubau mit Satteldach und Fensterläden getreten. Die südlich anschließende, platzartige Freifläche hat sich inzwischen durch eine massive Begrünung verfestigt.
Auch die Rolle des Kohlenmarkts als städtischer Raum wurde durch Baumpflanzungen neu interpretiert; Bordsteinkanten und Verkehrsinseln sind verschwunden. Der früher stark befahrene Platz wurde 1985/86 – ebenso wie der Rathaus- und der Haidplatz – den Fußgängern zurückgegeben.

DONAUMARKT UND KOLPINGHAUS

Diese Aufnahme aus dem Jahr 1957 zeigt das 1954 eingeweihte Erhardihaus (Kolpinghaus) in seiner städtebaulichen Einbettung. Zur Donau hin liegen östlich der Hunnen- und westlich, etwas abgerückt, der St.-Georgen-Platz. Letzterer stellt die Verbindung zur Eisernen Brücke her, die in den Fünfzigerjahren besser als Hengstenbergbrücke bekannt war, da sich an ihrer Auffahrt das Anwesen der gleichnamigen Essig- und Sauerkrautfabrik befand. Vor dem Hengstenberghaus endete das 1884 angelegte Stichgleis der Ländebahn. Weiter östlich öffnet sich die Freifläche, die 1944 durch die Zerstörung des Lagerhauses der Donau-Dampfschifffahrtsgesellschaft entstanden ist.

Von der östlichen Schmalseite des Kolpinghauses führt die schmale Kallmünzergasse zur Minoritenkirche und zum Dachauplatz.

Im Vollzug eines Stadtratsbeschlusses vom 21. Februar 1963 wurden die Häuser zwischen St.-Georgen- und Hunnenplatz sowie zu beiden Seiten des Heldengässchens abgebrochen. Sie sollten einer vierspurigen Donauuferstraße bzw. einem Verkehrsknoten weichen, der im Süden der sechsspurig geplanten Eisernen Brücke den Anschluss an die Altstadt-Osttangente bilden sollte. Deren Schneise trennt die Ostnerwacht heute von der Kernaltstadt. Zur geplanten Uferstraße ist es nicht gekommen; stattdessen wurde parallel zur Thundorferstraße 1986 das als Promenade gestaltete Marc-Aurel-Ufer angelegt.

Die städtebauliche Brache um den Donaumarkt ist bis 2004 gewachsen. Die jüngste Abbruchfläche wurde 2008 mit Rollrasen belegt und gilt seither als Kunstwerk.

KÖNIGLICHE VILLA

Das von der Donau durchschnittene Bild aus dem Jahr 1956 erfasst die Königliche Villa sowie den zentralen Teil des Unteren Wöhrds. Das als Sommerresidenz für König Maximilan II. 1854-56 über der mittelalterlichen Ostenbastei errichtete neugotische Schloss ist umgeben vom so genannten Villapark, dem nordöstlichen Abschluss des Regensburger Grüngürtels.

Nach Westen schließt sich der Garten des – 1811 bis 1974 von den Klarissen genutzten – ehemaligen Kapuzinerklosters an. Doch das Idyll trügt: Die Gemächer des Schlosses waren seit den Zwanzigerjahren in Mietwohnungen aufgeteilt, und seine grüne Einbettung war durch die damaligen Verkehrsplanungen der Stadt höchst gefährdet: Eine vierspurige Altstadt-Nordumgehung sollte hier eine Verbindung zur Adolf-Schmetzer-Straße erhalten.

1956

Dank des Scheiterns der städtischen Uferstraßenplanung der 1960er und 70er Jahre ist die landschaftsgärtnerische Einbettung der Königlichen Villa erhalten geblieben. Aus dem einstigen Klostergarten sind ab 1967 die Sportanlagen des Albrecht-Altdorfer-Gymnasiums geworden.

Auf der Donau sind in diesem Bereich mit dem fortschreitenden Ausbau des Hafens die Frachtschiffe verschwunden. An ihrer Stelle machen heute die luxuriösen Schiffe der Flusskreuzfahrer an der Donaulände fest. Auf dem Unteren Wöhrd ist in den letzten Jahren eine spürbare bauliche Verdichtung mit hochwertigem Wohnraum eingetreten.

DACHAUPLATZ,
BLICK NACH NORDWESTEN

Als Zentrum dieser 1936 entstandenen Aufnahme wählte der Fotograf den Moltkeplatz, wie der frühere Kasern- und heutige Dachauplatz von 1932 bis 1945 offiziell hieß. Im Nordosten des Platzes erhebt sich die imposante gotische Minoritenkirche. Ins Auge aber fallen vielmehr die Baumaßnahmen südlich davon: Dort, entlang des westlichen Minoritenwegs, war damals ein neues, den Repräsentationsansprüchen der Nationalsozialisten genügendes Behördenzentrum im Entstehen. Der Dachstuhl der Polizeidirektion ist gerade vollendet, vom westlich angrenzenden Südflügel des – damals so genannten – Ostmarkmuseums steht erst das Erdgeschoss. Gegenüber, auf der Südseite des Minoritenwegs, erhebt sich das soeben vollendete Haus der Sanitätskolonne.

Nahe dem linken Bildrand ist noch der mächtige, von Rundtürmen flankierte Zentralbau der 1938 zerstörten Synagoge zu sehen.

1936

Verglichen mit dem Stand von 1936, haben die von den Nationalsozialisten errichteten Verwaltungsbauten durch das 1937/38 an der Ecke D.-Martin-Luther-Straße/Minoritenweg errichtete Neue Rathaus eine städtebaulich wichtige Ergänzung erhalten. Die augenfälligste Veränderung aber ist im Süden des Dachauplatzes, am einstigen Klarenanger, eingetreten: Hier wurde zwischen 1963 und 1971 die im 19. Jahrhundert entstandene Nachfolgebebauung des 1809 zerstörten mittelalterlichen Klarissenklosters abgebrochen. An ihre Stelle trat 1971 ein Parkhaus, das durch seine überdimensionierte monolithische Baumasse eine empfindliche Störung der Stadtlandschaft darstellt.

DACHAUPLATZ, BLICK NACH SÜDEN

Dieses Bild aus dem Jahr 1956 zeigt den Dachauplatz von Norden. Vorwiegend als Parkplatz genutzt, war er ein zentraler Punkt im städtischen und regionalen Omnibusnetz. Auf der Südseite wurde er begrenzt vom Torbau des Neuen Rathauses und von dem 1884 errichteten Hauptgebäude der Brauerei St. Clara. Zu dieser gehörten auch die südlich anschließenden, um einen Innenhof gruppierten Bauten. Trotz der Einstellung des Braubetriebs 1903 blieb die Gaststätte bis in die Sechzigerjahre bestehen.
Südlich des einstigen Brauereikomplexes erhebt sich die 1888/89 als „Schulhaus katholischer Knaben und protestantischer Kinder der Unteren Stadt" errichtete so genannte Klarenangerschule. Zwischen Dr.-Wunderle- und Maximilianstraße sticht das nur flach geneigte, helle Satteldach des ein Jahr vor Entstehung des Fotos erbauten „bilka"-Kaufhauses ins Auge.

Die Gebäude der Brauerei St. Clara wurden 1967 bis 1971 abgebrochen, um einem Parkhaus Platz zu machen (vgl. S. 45). Dabei hat man entlang der D.-Martin-Luther-Straße die alte Baulinie aufgegeben. Der Torbau des Rathauses, der nach der Idee der nationalsozialistischen Planer die Verbindung zu weiteren, nie ausgeführten Verwaltungsbauten hätte herstellen sollen, wirkt durch die nun völlig fehlende architektonische Einbindung noch stärker als Torso.

KÖNIGSSTRASSE

Dieses Foto, entstanden 1956, zeigt mit der Kreuzung Maximilianstraße/Königsstraße das damalige Geschäfts- und Flanierzentrum der Stadt. Als heller Neubau sticht das 1954/55 als erster Stahlskelettbau Regensburgs erbaute Kaufhaus Woolworth ins Auge. Im Haus gegenüber befand sich das bekannte Feinkostgeschäft der Gebrüder Buchner, die entlang der Königsstraße seit 1950 mit einer originellen, von Josef Jobst geschaffenen Fassadenmalerei auf ihr Warenangebot und ihren Namen (Buche) hinwiesen. Auf der Ostseite der Schäffnerstraße klafft auf Nr. 17 gerade eine Baulücke, während gegenüber, auf Nr. 16, noch ein im Kern gotisches Haus steht, das seit den späten Zwanzigerjahren das Weinlokal St. Hubertus beherbergte. Die Kreuzung der Königsstraße mit der Schäffnerstraße bzw. der Straße Am Brixener Hof ist, außer im Südosten, von stattlichen historischen Gebäuden mit betonten Ecksituationen geprägt.

In den Kreuzungsbereichen der Königsstraße mit ihren Querstraßen ist viel geschehen: Das „Buchnerhaus" wurde 1975/76 in ein Bekleidungskaufhaus (ehem. Carlson) umgewandelt, wobei es zu einer Beseitigung der Fassadenmalerei kam.
Das Eckhaus Maximilianstraße 14 wurde 1996 grundlegend in den alten Formen erneuert. Gänzlich verändert hingegen hat sich die Eckbebauung zur Schäffnerstraße und zur Straße Am Brixener Hof: Hier entstanden 1965 ein die historischen Parzellen und Maßstäbe weitgehend ignorierendes Kaufhaus (ehem. C&A), das 2005/06 abermals überformt wurde, sowie 1966/67 der Wöhrl-Bau, dessen schwarze, ungegliederte Fassaden auf dem Bild nicht sichtbar sind.

KEPLERAREAL

Die Aufnahme aus dem Jahr 1956 zeigt den Regensburger Grüngürtel zwischen Bahnhof und Altstadt. Der Bildausschnitt wird begrenzt von der Maximilian- und der D.-Martin-Luther-Straße, die seit 1927 durch die Albertstraße verbunden sind. Nördlich dieser Ost-West-Zäsur befand sich einst der evangelische, südlich der katholische Petersfriedhof. Von letzterem zeugt noch das 1806 erbaute Kirchlein. Auf dem Areal des evangelischen Friedhofs erhebt sich der so genannte Keplerbau, das 1932/33 nach Plänen des Kemptener Architekten Heydecker errichtete und nach Behebung der Kriegsschäden 1952 wieder eröffnete evangelische Gemeindehaus.

Das Entrée zur Altstadt war durch die historistischen Gebäude beiderseits der Maximilianstraße ausgesprochen repräsentativ gestaltet: Links das Parkhotel Maximilian in feudalem Neorokoko, dahinter das etwas nüchternere Hotel National; rechts, weitgehend verdeckt, ein Wohn- und Geschäftshaus in den Formen der Neorenaissance.

1956

Der südliche Altstadtzugang hat sein Gesicht verändert. Zunächst entstanden von 1958 bis 1960 nördlich des Ernst-Reuter-Platzes drei fünf- bis siebengeschossige Gebäude. 1973 musste dann auch der alte Keplerbau einem bis 1975 errichteten, mehrgliedrigen Komplex mit Hochhaus weichen. Dadurch ist es zum einen zu einem empfindlichen Eingriff in den die Altstadt landseitig umschließenden Alleengürtel gekommen. Zum andern ist das einst so repräsentative Altstadt-Entrée an der Maximilianstraße durch die Negierung der überkommenen Maßstäbe und Baufluchten architektonisch aus den Fugen geraten.

OBERMÜNSTER

Der Blick fällt auf eine seit der Antike im Regensburger Stadtgrundriss bestehende Ecksituation: Die Fröhliche-Türken-Straße, die dem Verlauf der via decumana des römischen Legionslagers folgt, stößt an der Stelle des einstigen Südtores auf den nach Westen führenden St.-Peters-Weg. Dieser entspricht der südlichen Begrenzung von Römerlager und mittelalterlicher Stadt. Das Foto hält den Zustand des Jahres 1958 fest.

Einen städtebaulichen Akzent bildet das 1903 über L-förmigem Grundriss errichtete ehemalige Mädchenlyzeum, ein – von Adolf Schmetzer überarbeitetes – Frühwerk von Paul Bonatz. Daran schließen sich am St.-Peters-Weg nach Westen die Glockengießerei Spannagel und das Maschinenhaus der Jesuitenbrauerei an. Zu dieser gehörten auch die nördlich davon gelegenen, bis an die Obermünsterstraße reichenden Gebäude. Am linken Bildrand ist das Areal des im 8. Jahrhundert gegründeten Damenstiftes Obermünster mit den – 1955 weitgehend abgeräumten – Überresten der 1945 bombardierten Basilika zu sehen.

1958

Während die Fröhliche-Türken-Straße und die Obermünsterstraße ihr Erscheinungsbild wahren konnten, wurden am St.-Peters-Weg westlich des Schulgebäudes 1966 durch den Bau eines großflächigen Parkhauses die gewachsenen urbanen Strukturen ausgelöscht. Die historische Baulinie an der alten Südkante der Stadt wurde aufgegeben. Damit war dieser Eingriff in Stadtgrundriss und Stadtbild letztlich kaum weniger folgenschwer als die Erstürmung Regensburg durch die Truppen Napoleons am 23. April 1809, als in diesem Bereich der Stadt schwerste Schäden zu verzeichnen waren.

2007

NEUPFARRPLATZ/ ST.-KASSIANS-PLATZ

Die seit der Zerstörung des Ghettos 1519 gewachsene stadträumliche Beziehung zwischen Neupfarrplatz und St.-Kassians-Platz war 1958, als diese Aufnahme entstand, noch klar ablesbar. Der Neupfarrplatz mit der gleichnamigen Kirche in seiner Mitte besaß nach Osten hin einen architektonisch reich differenzierten Abschluss: Links, zwischen der Schlossergasse und dem kleinen Platz Am Spielhof, das stattliche Ammonhaus im Stil der Neurenaissance (1885); dann, auf der anderen Seite des Spielhofs, das Gebäude der Städtischen Sparkasse (1911) und daneben die klassizistische Alte Wache (1818). Der rechtwinklig um die Kassianskirche verlaufende St.-Kassians-Platz war, auch in seinem nordwestichen Teil, noch in sich geschlossen. Lediglich das 1954 in der Pfauengasse errichtete Kaufhaus Merkur, ein fünfgeschossiger Flachdach-Monolith, sprengte bereits die überlieferte Stadtstruktur.

1958

Der Stadtgrundriss hat sich grundlegend verändert. Schlossergasse und Spielhof sind verschwunden. Dies war der Preis, um 1967 die Kreissparkasse (heute Sparkasse) und 1972, nach zehnjähriger Planungsphase, das Kaufhaus Horten (heute Galeria Kaufhof) errichten und dazwischen eine mehrspurige Verkehrsschneise anlegen zu können. Dass in diese nach der Verkehrsberuhigung im Jahr 2000 eine bahnsteigartig überdachte Bautengruppe aus Kiosk und öffentlicher Bedürfnisanstalt gestellt wurde, ist kein Ersatz für das Verlorene. Verschwunden ist auch die östliche Bebauung des Neupfarrplatzes. Bei genauem Hinsehen ist gerade noch die Giebelspitze der als Scheibe vor dem Kaufhauskoloss stehengelassenen Fassade der Alten Wache erkennbar.
Gegenüber der Westfassade von St. Kassian haben sich die Sparkassenbauten um 1970 weit in die historische Bausubstanz von Straußgässchen und Malergasse hineingefressen. Gegenüber dem Chor der Kirche hatte sich 1969 ein Betonriegel der Städtischen Sparkasse breitgemacht. Er wurde bereits 1998 wieder abgebrochen und 2000 durch den Bau eines Textilkaufhauses ersetzt.

2007

STADTTHEATER

Im Zentrum des 1958 aufgenommenen Bildes steht das klassizistische Stadttheater, 1804 unter Carl von Dalberg, dem damaligen Regensburger Landesherrn, von dessen Hofarchitekten Emanuel d'Herigoyen als Theater- und Gesellschaftshaus errichtet. Es trennte den einst langgestreckten Platz am Übergang von der Kernaltstadt zur Westnerwacht, den Jakobsplatz oder auch Jakobshof, in zwei Teile: Dem „unteren" Teil entspricht der heutige Arnulfsplatz, während der „obere" Teil 1885 in Bismarckplatz umbenannt wurde. Nach einem Brand 1849 wurde das Theater 1851/52 durch den Fürstlich Thurn und Taxis'schen Baurat Karl Victor Keim wieder aufgebaut.

1953 erfolgte der Durchbruch der Fußgängerpassage entlang der Neuhausstraße.

Auf den ersten Blick hat sich in den letzten 50 Jahren wenig verändert. Die Fußgängerpassage durch den Westflügel des Theaters ist seit einer 2001 abgeschlossenen Generalsanierung wieder geschlossen. Der Bismarckplatz hat, nach dem Einbau der unterirdischen Parkgarage, 1981/82 eine neue Gestaltung erfahren (vgl. S. 59).

Auf der Westseite der Neuhausstraße durchbricht ein vom rechten Winkel dominierter Bau des Jahres 1968 das historische Häusergefüge. Die Ecke Ludwigstraße/Weißgerbergraben wird seit 1971 von der im Altstadt-Ensemble störenden Sichtbetonästhetik geprägt. Andere Veränderungen sind subtilerer Art. So zeugt etwa die generelle Zunahme an Dachgauben von der Tendenz, früher als Speicher genutzte Dachräume einer Wohnnutzung zuzuführen.

BISMARCKPLATZ MIT ST. JAKOB

Der Blick schweift in südlicher Richtung über den Bismarckplatz. Die Stirnseite des Platzes wird dominiert vom sechssäuligen Portikus des so genannten Präsidialpalais, das Carl von Dalberg 1804/05 von Emanuel d'Herigoyen als Residenz des französischen Gesandten errichten ließ. Es ist axial auf das unmittelbar zuvor erbaute Theater- und Gesellschaftshaus ausgerichtet. Während östlich davon die bereits gegen 920 befestigte Kernaltstadt beginnt, erstreckt sich westlich das weitläufige Areal des einstigen Schottenklosters, das sich – zunächst noch außerhalb der Stadt gelegen – ab etwa 1090 hier entwickelte. Von der langen Front der Konventsbauten (seit 1866 Priesterseminar) abgesetzt und nach Osten in den Platz vorspringend, erhebt sich ein ab dem 13. Jahrhundert außerhalb der Klostermauer gewachsener Baukörper. Seine heutige Gestalt erhielt das ehemalige Handwerkerhaus 1792. Das Foto hält den Zustand des Jahres 1956 fest.

Der Gebäudebestand ist seit 1956 unverändert. Jedoch wurde nach der Errichtung einer 1976 vom Stadtrat beschlossenen großräumigen Tiefgarage und einer deswegen durchgeführten archäologischen Grabung die Platzoberfläche in den Jahren 1981/82 grundlegend neu gestaltet: Der nach Süden ansteigende Platz ist seither, mit Ausnahme der seitlichen Straßenzüge, durch eine Terrassenbildung abgestuft. An die Stelle des großen, um 1885 angelegten Brunnenrondells sind, nach Entwurf von Otto Körner, zwei kleinere Springbrunnen in der nördlichen und in der südlichen Platzhälfte getreten. Die beiden Baumreihen, die den Blick auf den Säulenportikus im Süden lenken, erinnern noch entfernt an die einst hier befindliche, bereits unter Dalberg angelegte „Promenade".

ARNULFSPLATZ

Das Bild aus dem Jahr 1956 zeigt unten in der Mitte die in nordsüdlicher Richtung verlaufende Straße Zur Schönen Gelegenheit. Diese mündet in den verkehrsreichen, damals noch von der Straßenbahn befahrenen Arnulfsplatz (vgl. S. 56) und gehört, ebenso wie die westlich parallel verlaufende Rote-Löwen-Straße, zum innersten, um die Mitte des 12. Jahrhunderts ummauerten Teil der Westnerwacht. Gegenüber der Einmündung der Roten-Löwen-Straße in die Wollwirkergasse steht, in der Kurve zum Arnulfsplatz, noch das an seinem schwarz wirkenden Dach erkennbare so genannte Böhmische Eck, ein wertvolles Relikt romanischer Profanbaukunst (11. – 13. Jahrhundert) in der westlichen Vorstadt.

In der linken Bildhälfte sieht man im Vordergrund den Weißgerbergraben, der ebenfalls in den Arnulfsplatz mündet und dem Verlauf der unter Herzog Arnulf gegen 920 angelegten westlichen Stadtbefestigung entspricht. Weiter im Süden ist der gewaltig Baukörper der gotischen Dominikanerkirche zu erkennen.

Der Stadtgrundriss ist im letzten halben Jahrhundert unverändert geblieben. Auch der Arnulfsplatz wird trotz des Fehlens der Straßenbahn noch immer von seiner verkehrlichen Nutzung geprägt. Die Eingriffe in den Häuserbestand – besonders bedauerlich ist der weitgehende Abbruch des Böhmischen Ecks 1992 – haben sich meist auch in der Dachlandschaft niedergeschlagen. So wirkt der 1971 errichtete zweiteilige Betonkubus an der Ecke Weißgerbergraben/Ludwigstraße als Fremdkörper in der Altstadt. Zu durchgreifenden Veränderungen ist es auch westlich des Arnulfsplatzes gekommen: Ausgelöst durch den Bau einer Tiefgarage wurden dort 1976 die Wirtschaftsgebäude der ehemaligen Brauerei Emslander abgebrochen, deren Bausubstanz zum Teil bis ins 14. Jahrhundert zurückreichte. An ihre Stelle ist 1996 ein Lebensmittelmarkt mit Wohnnutzung in den Obergeschossen getreten.

N

OBERER WÖHRD, FREIZEITANLAGEN

Der Obere Wöhrd ist, insbesondere in seinem westlichen Bereich, seit Jahrhunderten ein Ort der Muße und Entspannung. Schon 1654 beauftragte der Rat der Stadt das Bauamt, auf dem Oberen Wöhrd eine Allee anzulegen.

„Das gesandtschaftliche Personal des Reichstages, die Kaufleute und die ganze schöne Welt erquickte sich im Schatten der Bäume der Donauinsel" vermerkt bereits der Chronist Karl Sebastian Hosang. Im 20. Jahrhundert entwickelte sich der Obere Wöhrd zum bevorzugten Ort für die Leibeserziehung. 1928 schlossen sich drei Vereine zur Regensburger Turnerschaft zusammen. Der neue Verein war in der Lage, bereits ein Jahr später die RT-Halle – heute ein Baudenkmal – zu errichten. Westlich der RT-Halle entstanden Sportplätze für Fußball und Leichtathletik. 1950 kam mit dem Freibad eine weitere attraktive Sport- und Freizeitstätte hinzu.
Östlich der RT-Halle pachtete der Regensburger Ruder- und Tennisclub von der Evangelischen Wohltätigkeitsstiftung eine Fläche und errichtete darauf Tennisplätze. Auf dem Luftbild der 1950er Jahre sind zudem Reste der Allee aus dem 17. Jahrhundert erkennbar, wobei die Bäume häufig wegen Eisstoß und Windbruch nachgepflanzt werden mussten.

Der westliche Teil des Oberen Wöhrds wird zunehmend ein Wohnquartier. 2003 errichtete die Evangelische Wohltätigkeitsstiftung zwei Wohnblocks an der Stelle, an der früher noch Tennis gespielt wurde. Auch andere Investoren beteiligten sich am Bau von Wohnungen in einer exklusiven Lage auf der Donauinsel. Die Regensburger Turnerschaft, in den 1950er Jahren mit 5.000 Mitgliedern der zweitgrößte Sportverein Bayerns, war 1986 genötigt, das gesamte Gelände mit den Immobilien und dem Freibad aus wirtschaftlichen Gründen an die Stadt zu verkaufen. In der Folgezeit wurden sowohl die Halle als auch das Freibad grundlegend saniert. Sie werden heute unter städtischer Regie weiter betrieben. Seine herausragende Erholungsfunktion für die Regensburger Bürgerschaft konnte der Obere Wöhrd jedoch weiter ausbauen. Nicht zuletzt hat sich das innerstädtische Grün entlang der Donau weiterentwickelt. Von der historischen Allee dagegen sind nur mehr Reste erkennbar.

2007

N

OBERER WÖHRD, FREIBAD

Vielen Regensburgern ist heute das „Wöhrdbad" noch immer besser bekannt unter der Bezeichnung „RT-Bad", welches die Regensburger Turnerschaft 1950 mit großem Einsatz gebaut hatte. Der 10-Meter-Sprungturm am 50-Meter-Becken war nach Kriterien entworfen worden, um internationale Wettkämpfe durchführen zu können.

In einem offiziellen Stadtplan von 1958 haben die Sportstätten auf dem Oberen Wöhrd noch andere Bezeichnungen: Das Freibad wird als „Sportbad Oberer Wöhrd" geführt, der südlich davon gelegene Sportplatz heißt „Jahnwiese" und der östlich anschließende Hallenbau trägt die Bezeichnung „Jahnturnhalle".

1958

Aus dem einstigen Sportbad ist heute ein Freizeitbad geworden, welches sich nun hinter hohen Bäumen versteckt. Der Obere Wöhrd ist zu einer grünen Lunge für die Altstadt geworden, die es für die Zukunft zu erhalten gilt. Dass die Liegenschaften und Sportstätten der Regensburger Turnerschaft zwischenzeitlich in das Eigentum der Stadt Regensburg übergegangen sind, wurde bereits an anderer Stelle (vgl. S. 63) dargelegt.

2007

OBERER WÖHRD, BADSTRASSE

Diese Aufnahme hält den Zustand des Oberen Wöhrds im Jahre 1958 fest. Die Bebauung der Insel konzentriert sich im Wesentlichen auf die der Altstadt gegenüberliegende Badstraße mit ihrem mehrheitlich barocken Häuserbestand.

Nahe dem rechten Bildrand erinnert der Schlot hinter dem barocken Fischerhaus in der Lieblstraße 4 an die gewerbliche Nutzung dieses Anwesens ab den 1870er Jahren, u. a. als „Chemische Fabrik Lauser". Das westlichste Haus der Lieblstraße nahm, im Jahr der Fotografie errichtet, die in den Dreißigerjahren begonnene private Wohnbebauung in diesem Bereich der Insel wieder auf.

1958

2007

Die kleinteilige Fassadenabwicklung entlang der Badstraße ist unverändert erhalten geblieben. Verändert hat sich jedoch die Ufersituation: Vor der optisch einst klar trennenden Mauer hat sich ab den Siebzigerjahren durch Schwemmsand eine inzwischen bewachsene Böschung gebildet, so dass die innerstädtische Uferpartie die Züge einer natürlichen Flusslandschaft angenommen hat. Im Inneren des Wöhrds fand etwa ab dem Jahr 2000 eine bauliche Verdichtung statt, die vor allem nördlich der Lieblstraße ablesbar ist.

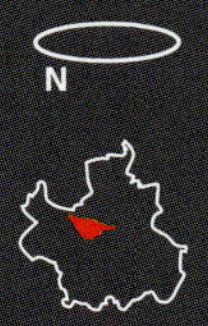

OBERER WÖHRD UND ALTSTADT MIT DOM ST. PETER

Der östliche Teil des Oberen Wöhrds zwischen dem Hammerbeschlächt und der Lieblstraße wird auch als Mühlenquartier bezeichnet. Seit dem 14. Jahrhundert trieb das in Kanälen zugeleitete Wasser Hammerwerke an. Auf dem Bild von 1956 ist der Komplex der Rotschmiedewerkstätten Brandner AG gut zu erkennen. Die Brandner AG hatte Ende des 19. und zu Beginn des 20. Jahrhunderts ihre Fabrikationsstätten auf dem Oberen Wöhrd in großem Stile ausgebaut. Bis weit in das 20. Jahrhundert hinein war der östliche Obere Wöhrd stark gewerblich geprägt.

Der Blick über die Donau auf die Altstadt lässt den schlechten Zustand der Dächer und Fassaden nur erahnen. Aber auch im Innern der meisten Gebäude bestand Mitte der 1950er Jahre dringender Handlungsbedarf. Die Notwendigkeit einer Altstadtsanierung wurde in jenen Jahren bereits erkannt. Die Umsetzung sollte jedoch noch Jahrzehnte in Anspruch nehmen.

Wo einst Mühlräder die schweren Hämmer antrieben, ist beschauliche Ruhe eingekehrt. In der ehemaligen Rotschmiede hat sich ein nobles Hotel etabliert, das seinen Gästen einen grandiosen Blick auf das Altstadtensemble zu bieten vermag. Auch in die übrigen, einst gewerblich genutzten Häuser wurden elegante Wohnungen eingebaut.

Die Altstadt zeigt sich – an einem sonnigen Tag aus der Luft fotografiert – herausgeputzt und heiter. Nach fast 50 Jahren Altstadtsanierung befinden sich die meisten Gebäude in gutem Zustand. Wirtschaftlicher Wohlstand und das Bekenntnis zur Bewahrung dieses einzigartigen historischen Ensembles haben innerhalb von zwei Generationen zu diesem herausragenden Ergebnis geführt!

STADTAMHOF UND STEINWEG

Seit dem 14. Jahrhundert finden in Stadtamhof Jahrmärkte bzw. Volksfeste statt. Bot früher die Dult den Besuchern hauptsächlich die Gelegenheit, sich mit Waren einzudecken, die insbesondere im ländlichen Bereich nicht vorhanden waren, ist heute das zweimal jährlich stattfindende Volksfest ein Ort von Kurzweil und Vergnügen. Im Jahr der Aufnahme, 1970, hatte die Dult ihren Platz noch auf dem Protzenweiher zwischen den einst selbstständigen Gemeinden Stadtamhof und Steinweg gelegenen Flutmulde, die für die Abdrift von Hochwässern und Eisgang jahrhundertelang von großer Bedeutung war. Mit dem Bau des Main-Donau-Kanals zwischen 1972 und 1977 verlor die Dult ihren zentralen Standort. Westlich von Stadtamhof, auf einer ehemals landwirtschaftlich genutzten Fläche, entstand der neue Dultplatz. Er beherbergte das Volksfest erstmals im Herbst 1971.

1970

Schleuse und Main-Donau-Kanal haben Stadtamhof zur Insel gemacht. Der Weg ins benachbarte Steinweg ist bisweilen beschwerlich, insbesondere wenn man die Stufen zur Protzenweiherbrücke erklimmen muss.
Aber nicht alles hat sich in Stadtamhof verschlechtert: Der Kanalbau schuf auch ein attraktives Fußwegenetz parallel zu den Wasserläufen und neue Grünflächen mit Spielplätzen für Kinder.

STADTAMHOF, FRANZISKANERPLATZ

Der Franziskanerplatz wird von dem 1891 im Stil der Neorenaissance errichteten ehemaligen Amtsgerichtsgebäude (heute Staatl. Vermessungsamt) dominiert. Früher befand sich in diesem Bereich das Franziskanerkloster, dessen Mönche sich zu Beginn des 17. Jahrhunderts in Stadtamhof niederließen und ein Kloster errichteten. Die Stelle, an der die Klosterkirche stand, markiert heute das Haus Franziskanerplatz 8, welches auf dem Bilddokument östlich des ehemaligen Gerichtsgebäudes zu sehen ist. Die Kirche wurde erst 1908 abgebrochen, nachdem sie seit der Säkularisation im Jahre 1803 als Stadel gedient hatte. Nach Süden hin, der Donau vorgelagert, präsentiert sich eine Häuserzeile, die nach der Beschießung von 1809 wiederaufgebaut wurde. Die nach Süden orientierten Gärten sind von einer Quadermauer eingefriedet und grenzen direkt an den Donaunordarm an.

1958

Fünfzig Jahre später hat sich der Häuserbestand im Umfeld des Franziskanerplatzes kaum verändert. Allenfalls die Stadtsanierung schuf durch Modernisierungen heute nachgefragten Wohnraum. Ein Hochwasserschutzdamm trennt die Häuserzeile vom Fluss.

Wo einst das Säge- und Hobelwerk Pröckl am Protzenweiher seinen Betrieb hatte, findet seit geraumer Zeit wöchentlich ein Flohmarkt statt.

KATHARINENSPITAL UND BRÜCKENBASAR

Das 1958 entstandene Foto hält den Blick auf Stadtamhof und den Gebäudekomplex des einst reichsstädtischen St. Katharinenspitals aus südöstlicher Richtung fest. Die Achse Steinerne Brücke – Brückenbasar – Stadtamhofer Hauptstraße durchschneidet das Bild diagonal. Die historische Ufermauer ist bereits verschwunden. An ihre Stelle ist, noch sichtbar frisch, eine Vorlandaufschüttung getreten, die dem Hochwasserschutz dienen sollte. Über die Steinerne Brücke fahren Autos; ihre seitlichen Brüstungen bestehen seit 1950 größtenteils aus Betonplatten.

Auf den ersten Blick haben sich kaum Veränderungen ergeben. Die künstlich hergestellte Ufersituation hat nach einem halben Jahrhundert den Charakter des Natürlichen angenommen. Die Steinerne Brücke, seit 1992 für private Kraftfahrzeuge gesperrt, wird seitlich wieder von einer Granitbrüstung begrenzt. Im Aufnahmejahr 2007 dienten gelbe Kunststoffschienen auf der Fahrbahn dazu, die statische Belastung durch die damals noch immer über die Brücke fahrenden Busse einzuschränken.
Die augenfälligste Veränderung im Stadtamhofer Baubestand hat sich an der Andreasstraße ergeben, an der es 1970 zu mehreren Abbrüchen gekommen ist. Auf der Südseite der Straße erfolgte 1985-87 eine neue Wohnbebauung. Insgesamt aber wurde das historische Stadtbild durch die 2006 abgeschlossene Neugestaltung der Hauptstraße und zahlreiche Einzelsanierungen klar aufgewertet.

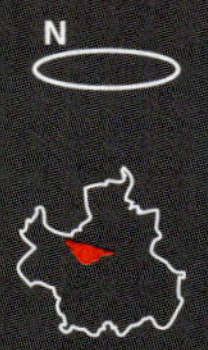

STADTAMHOF MIT PROTZENWEIHERBRÜCKE

Main und Donau durch einen Kanal zu verbinden, hatte im 8. Jahrhundert bereits Karl der Große versucht. Diese Vision beschäftigte die Zeitgenossen stets aufs Neue.
Im 19. Jahrhundert plante und baute das Königreich Bayern unter seinem Regenten Ludwig I. einen Kanal von Bamberg bis Kelheim. Technische Unzulänglichkeiten und die Konkurrenz der aufkommenden Eisenbahn verwehrten dem großen Projekt den wirtschaftlichen Erfolg.
Ende des 19. Jahrhunderts wurde erneut ein Projekt entwickelt, welches großen Schiffen die Passage vom Main zur Donau ermöglichen sollte. In Regensburg galt die Steinerne Brücke als erklärtes Schifffahrtshindernis. Die gehegten Abbruchpläne wurden gottlob verworfen. Stattdessen sollte die Steinerne Brücke zu Beginn des 20. Jahrhunderts mit einem Kanal umfahren werden. Als einzig mögliche Trasse bot sich die Flutmulde am Protzenweiher an. Nachdem dadurch Stadtamhof zu einer Insel wurde, musste zunächst ein Brückenbauwerk errichtet werden. 1939/40 begannen die Gründungsarbeiten für die Widerlager bzw. Pfeiler der Protzenweiherbrücke. Der Zweite Weltkrieg verhinderte weitere Bauarbeiten, so dass die Brücke erst im Jahre 1953 fertiggestellt wurde. Westlich der Brücke ist auf dem Bilddokument von 1958 noch der Bereich der Warendult zu sehen. Im unteren Bilddrittel sind die stattlichen Bürgerhäuser in der Stadtamhofer Hauptstraße erkennbar.

Rund 20 Jahre verband das Brückenbauwerk Steinweg und Stadtamhof ohne große verkehrliche Bedeutung. Der Kanalbau erreichte Stadtamhof erst 1971 mit dem Bau der Oberpfalzbrücke und den ersten vorbereitenden Maßnahmen für den Schleusenbau und die Anbindung an die Donau bei Pfaffenstein bzw. im Bereich der Regenmündung. 1977 waren die Arbeiten weitgehend abgeschlossen. Ein Jahr später fuhren erstmals Schiffe über Regensburg hinaus Richtung Kelheim. Das 2008 erstellte Luftbild zeigt eine infolge einer Schiffshavarie stark beschädigte Protzenweiherbrücke.

Die Stadtsanierung beschränkte sich nicht nur auf den Bereich der Altstadt südlich der Donau, sondern hielt auch in Stadtamhof Einzug. Die Hauptstraße – heute auch Sanierungsgebiet – zeigt sich bereits in einem farbenfrohen Gewand. Stadtamhof ist dank seiner Nähe zur Altstadt, der ruhigen Lage und des grünen Wohnumfelds zum bevorzugten Wohnstandort geworden.

STADTAMHOF, AM GRIES

Die Aufnahme zeigt Stadtamhof von Osten im Jahre 1972. Im Vordergrund ist der so genannte Gries zu sehen, die Landzunge zwischen nördlichem Donauarm und Regen. Am Uferbereich zeichnen sich bereits einige jener Planungen ab, die seit den 1950er Jahren dieses Areal immer wieder verändern: Insbesondere entlang der Donau ist es zu Landanschüttungen gekommen, die sich durch die noch karge Vegetation von der alten Auenlandschaft abheben. Am Regenufer ist eine Ausbuchtung zu erkennen, die bereits auf den Bau des Europakanals hinweist. An dessen Stelle ist hier allerdings noch der so genannte Protzenweiher zu sehen. Dabei handelte es sich um die ab 1809 aufgeschüttete Flutmulde der Donau, die eine direkte Straßenverbindung von Stadtamhof nach Steinweg ermöglichte und nicht zuletzt auch als Veranstaltungsort von Dulten diente.

1972

Die Flusslandschaft um den Gries scheint sich seit dem Durchstich des Europakanals 1973 verfestigt zu haben. Stadtamhof ist zur Insel geworden. Die auf dem Bild von 1972 noch völlig unmotiviert und überdimensioniert wirkende Protzenweiherbrücke hat nun mehr Sinn bekommen. Im Westen von Stadtamhof (am oberen Bildrand) überspannt die neue Oberpfalzbrücke den Kanal. Die abermals verlängerte Landzunge zwischen Donau und Regen ist sowohl zu einer Grünanlage mit hohem Naherholungswert als auch zum Anlegeplatz für die Kanalschifffahrt geworden.

UNTERER WÖHRD, STEINERNE BRÜCKE MIT HAMMERBESCHLÄCHT

Eine reizvolle, fußläufige Verbindung zwischen dem Oberen und dem Unteren Wöhrd ist durch das so genannte Hammerbeschlächt gegeben; allerdings nicht immer, da dieser breite, gepflasterte Damm bei höheren Donauwasserständen rasch überflutet wird. Das Beschlächt, das seit Jahrhunderten in Darstellungen dokumentiert ist, diente vor allem dazu, Donauwasser den reichsstädtischen Mühlen zuzuführen. Das Luftbild von 1958 zeigt noch sehr anschaulich, wie die am Unteren Wöhrd gelegenen Mühlen von diesem wasserbaulichen Bauwerk Nutzen ziehen.

Zu Beginn der 1950er Jahre waren dringende Sanierungsmaßnahmen an der Steinernen Brücke erforderlich. Insbesondere die Pfeilerbeschlächte befanden sich in einem äußerst schlechten Zustand. Mit schwerem Gerät mussten die Pfeilervorfüße neu gegründet werden. Zudem sollte der Donau ein besserer Durchfluss gewährt werden, nachdem es insbesondere bei Hochwasser oder Eisgang zu erheblichen Anstauungen oberhalb der Brücke kam. Diese Arbeiten dauerten bis weit in die 1960er Jahre hinein und verleihen seitdem der Brücke ihre Standfestigkeit.

2008

In den 1950er und 60er Jahren haben die Wasserbauer gründlich gearbeitet. Die Pfeilerbeschlächte der Steinernen Brücke machen einen soliden Eindruck. Die Brückenkonstruktion selbst jedoch bedarf in Kürze einer grundlegenden Sanierung. Das Hammerbeschlächt verbindet nach wie vor die beiden Wöhrde. Die Mühle am westlichen Ende des Unteren Wöhrds hat bereits vor einigen Jahrzehnten ihren Betrieb eingestellt.

N

NÖRDLICHER BRÜCKENKOPF DER EISERNEN BRÜCKE

Bis zur Sprengung im Jahre 1945 verband eine Brücke aus Eisengitterträgern den Unteren Wöhrd mit der Altstadt. Die Maschinenfabrik J. Maffei, die im 19. Jahrhundert auf dem Unteren Wöhrd einen Schiffbaubetrieb unterhielt, errichtete 1863 den Donauübergang.

Das Bild von 1958 zeigt zwei Joche der nach 1945 geschaffenen Behelfskonstruktion, die bis zu ihrem endgültigen Abbruch in den Jahren 1990/91 den Verkehr zu bewältigen hatte. Flankiert wurde der nach 1945 nördliche Brückenkopf von einem markanten dreigeschossigen Walmdachbau des 17./18. Jahrhunderts, der als Mühlschreiberhaus diente. Nördlich davon entstand 1904 aus dem Umbau und der Aufstockung eines zweigeschossigen Gebäudes, welches ehemals als Wohn- und Bürogebäude der Fa. Maffei gedient hatte, ein Mietshaus im Neurenaissancestil. Am rechten Bildrand ist der Ostenstadel erkennbar, von dem sich nach Westen hin der Donaumarkt erstreckt, auf dem bis 1944 ein großes Lagerhaus stand. Nördlich des Ostenstadels – der Ende der Fünfzigerjahre noch seinem ursprünglichen Bestimmungszweck als Lagerhaus diente – werden Güter von der Bahn auf Donauschiffe umgeschlagen.

1958

1964 wurde zugunsten einer geplanten mehrspurigen Brückentrasse vom südlichen Donauufer bis zur Frankenstraße der Häuserbestand im Bereich des nördlichen Brückenkopfs am Unteren Wöhrd abgebrochen. Wenngleich das groß dimensionierte Brückenprojekt ab den späten 1970er Jahren nicht weiterverfolgt wurde, kam es erst rund 15 Jahre später zu einer städtebaulichen Neuordnung des exponierten Bereichs am Unteren Wöhrd.
1990 musste aufgrund statischer Mängel der Behelfsbau der „alten" Eisernen Brücke ersetzt werden. Nach den Plänen der Büros Auer und Weber, München, und Mayr und Ludescher, Stuttgart, entstand eine filigrane Stahlbrückenkonstruktion.
1996 konnte das bislang als Parkplatz genutzte Grundstück, auf dem ehemals das Mühlschreiberhaus stand, wiederbebaut werden. Nach den Plänen des Büros Homeier und Richter präsentiert sich nun ein zum Fluss hin orientierter Baukörper in Metall-Glas-Konstruktion. Auf der anderen Donauseite besteht auch nach 50 Jahren akuter Handlungsbedarf. Die Regensburger Stadtgesellschaft war bislang noch nicht in der Lage, im Sinne einer Stadtreparatur diese vom Bombenkrieg geschaffene Fläche wieder zu bebauen.

UNTERER WÖHRD, REGENMÜNDUNG

Das 1968 aufgenommene Luftbild dokumentiert in noch sehr anschaulicher Art und Weise die bis in das 15. Jahrhundert zurückgehenden Nutzungen auf dem Unteren Wöhrd. Im Vordergrund zu sehen ist der ehemalige reichsstädtische Bauhof (Wöhrdstraße 33) mit dem östlich angrenzenden Bauhofmeisterhaus (Wöhrdstraße 41). Südlich der Wöhrdstraße angrenzend ist der wohl aus dem 18. Jahrhundert stammende städtische Reitstadel, der zum Zeitpunkt der Aufnahme bereits eine Autowaschanlage beherbergte, während der Baustadel noch in seiner ursprünglichen Funktion genutzt wurde. An der Nordseite der Wöhrdstraße hatten sich bereits zur Gründerzeit stattliche Mietshäuser etabliert. Nach 1945 siedelten sich im zentralen Bereich des Unteren Wöhrds Autowerkstätten mit Garagenanlagen an. Am oberen Bildrand ist die Mündung des Regens in die Donau erkennbar.

1968

Die Konversion von ehemals gewerblich genutzten Flächen auf dem Unteren Wöhrd ist in Gang gekommen. Werkstätten, Garagen und Bauhöfe haben sich zurückgezogen. Die frei werdenden Flächen dienen nun, wie bereits zur Gründerzeit, dem Wohnungsbau. Mitte der 1990er Jahre sollte der Untere Wöhrd zu einem „Solar Quarter" erschlossen und weiterentwickelt werden. Diese hohe Verdichtung im Rahmen des Wohnungsbaus ist der Insel erspart geblieben. Dennoch sind die Weichen gestellt: Der Untere Wöhrd wird zukünftig als altstadtnahes Wohnquartier weiter an Bedeutung gewinnen.

Aber auch die Flusslandschaft hat sich verändert. Durch den Bau des Main-Donau-Kanals hat sich auch die Mündung des Regens in die Donau weiter nach Süden verschoben. Eine massive Mole trennt über einige hundert Meter die dunklen Wasser des Regenflusses von der helleren Donau.

JUGENDHERBERGE UND WINTERHAFEN AM UNTEREN WÖHRD

Im Mai 1938 fand die Grundsteinlegung für eine neue Jugendherberge auf dem Unteren Wöhrd statt. Nach Plänen der Architekten Wenz & Dörner entstanden zwei zur Wöhrdstraße hin giebelständige Hauptbaukörper mit einem zwischenliegenden Verbindungsbau. Östlich anschließend waren Unterstellmöglichkeiten für Fahrräder angeordnet. Die Fertigstellung der Jugendherberge erfolgte jedoch erst nach Kriegsende unter der Leitung des Deutschen Jugendherbergwerks. Insgesamt konnten über 500 Übernachtungsgäste beherbergt werden.

Südlich anschließend ist auf dem Bilddokument von 1958 der Westteil des alten Winterhafens zu sehen. Die Anlage eines Schutzhafens war die Folge der Einführung der Dampfschifffahrt auf der bayerischen Donau im Jahre 1837. 1854 war schließlich das Königliche Ministerium für Handel und öffentliche Arbeiten in München bereit, den Bau in Auftrag zu geben. Zwei Jahre später war das Hafenbecken ausgehoben und stand der Schifffahrt zur Verfügung.

1958

2007

Nahezu unverändert hat die Jugendherberge die letzten fünfzig Jahre überdauert. Sie ist heute ein typisches Beispiel für die Heimatstilarchitektur des Dritten Reiches geworden.
Der alte Winterhafen hatte spätestens seit der Errichtung des neuen Osthafens im Jahre 1963 auf den Gemeindefluren von Barbing seine Schutzfunktion verloren. Daher war es möglich, ab 1967 den Hafen von Westen her mit Bauschutt aus Häuserabbrüchen in der Altstadt bzw. aus Straßenbaumaßnahmen zu verfüllen. Anfang der 1970er Jahre war das Werk getan und einige Zeit später entstand auf der planierten Fläche ein Parkplatz.

N

UNTERER WÖHRD, SO GENANNTE LAZARETTSPITZE

Der Untere Wöhrd, insbesondere dessen östliche Spitze, war seit jeher ein Ort, an dem Nutzungen stattfanden, die man innerhalb der Stadtmauern nicht gerne sah. Dies galt in besonderem Maße für die Pflege pestkranker Bürger, für die der Rat zu Beginn des 18. Jahrhunderts ein Krankenhaus errichten ließ. Letztlich war die medizinische Notwendigkeit erkannt, die Kranken außerhalb der Stadtmauern zu pflegen.

Auf dem Bild von 1958 sind die Pesthäuser deutlich erkennbar. Weit weniger bekannt ist die Tatsache, dass auf dem Wöhrdspitz seit Beginn des 20. Jahrhunderts eine Reihe von Industriebetrieben ansässig waren. 1916 etablierte sich hier beispielsweise die Breslauer Schiffswerft C. Wollheim, der in den 1920er Jahren die Donaueisenwerke folgten. Die Deutsche Wehrmacht baute auf dem Spitz 1936 einen Übungsplatz für Pioniere. Nach 1945 siedelte sich schließlich das Stahlbauunternehmen Gerhard & Rauh an, das sich auf den Tank- und Anlagenbau spezialisiert hatte.

Das Luftbild zeigt das weitläufige Betriebsgelände mit den verschiedenen Werkstätten. Westlich davon ist die Hausgruppe des Pestinhofs zu erkennen.

1958

1963 verlegte die Fa. Gerhard & Rauh ihren Betrieb nach Regenstauf. Eine weitere Expansion war für das Unternehmen auf dem Wöhrdspitz nicht mehr möglich. Zudem ist das Gelände nicht hochwasserfrei. Eine anderweitige gewerbliche Nutzung des Areals ist damit eingeschränkt. Die Eigentümer der Grundstücke haben daher nach Abbruch der Produktionsstätten das Gelände sich selbst überlassen, so dass die Natur – ohne große Unterstützung durch den Menschen – die Lazarettspitze nach 40 Jahren in ein Biotop verwandelt hat.

Die Pestinhäuser bilden daher, wie schon im 18. Jahrhundert, wieder eine isolierte Bautengruppe. Bedrängt werden sie allerdings von der Auffahrtsrampe zur Nibelungenbrücke.

NORDWESTLICHER SEKTOR

Steinweg – Pfaffenstein, Westenviertel, Ober- und Niederwinzer – Kager und Stadtbezirk 01 (südlich des Alleengürtels)

BUNDESBAHNDIREKTION, HEUTE BEZIRKSFINANZDIREKTION

Mitte des 19. Jahrhunderts erreichte die Eisenbahn Regensburg. 1859 eröffnete die Königlich-Privilegierte Bayerische Ostbahngesellschaft die Strecke von Landshut über Regensburg, Amberg nach Nürnberg. In den folgenden Jahrzehnten wurde mit Elan die planmäßige Erschließung Ostbayerns durch die Eisenbahn vorangetrieben. Regensburg erhielt im Jahre 1890 ein repräsentatives Verwaltungsgebäude für die Königlich-Bayerische Staatsbahndirektion, die ab 1920 in der Deutschen Reichsbahn aufging. Der Direktionsbezirk umfasste den gesamten ostbayerischen Raum. Nach 1945 wurde aus der Reichsbahndirektion die Bundesbahndirektion Regensburg, eine von 17 Direktionen in der damaligen Bundesrepublik. Mitte der 1950er Jahre lagen die im Direktionsbezirk erbrachten Leistungen im Güterverkehr bundesweit an siebter Stelle. Rund 20.000 Bundesbahnbedienstete sorgten für den reibungslosen Ablauf des Betriebs. Das Luftbild wurde 1958 aufgenommen.

1958

Nahezu unverändert hat die ehemalige Bundesbahndirektion an der Bahnhofstraße das letzte halbe Jahrhundert überstanden. Gleiches gilt jedoch nicht für die Deutsche Bundesbahn, die sich in den letzten Jahrzehnten einem tiefgreifenden Strukturwandel zu stellen hatte. Die Verlagerung des Güterverkehrs von der Schiene auf die Straße, die seit Mitte der 1960er Jahre dynamisch einsetzte, zwang die Bahn zu nachhaltigen Reaktionen.
Streckenstilllegungen und Personalabbau sollten zunächst dem Unternehmen den erforderlichen betriebswirtschaftlichen Spielraum verschaffen. 1970 erfolgte die Auflösung der Bundesbahndirektion Regensburg. Ihre Dienststellen wurden schrittweise der Direktion in Nürnberg angegliedert. In den 1980er Jahren veräußerte die Bahn das Verwaltungsgebäude an der Bahnhofstraße an den Freistaat Bayern, der die Bezirksfinanzdirektion darin unterbrachte.

N

KUMPFMÜHLER EISENBAHNBRÜCKE UND VERLAGSGEBÄUDE DER MITTELBAYERISCHEN ZEITUNG

Am nördlichen Brückenfuß der Kumpfmühler Eisenbahnbrücke ist um die Jahrhundertwende ein kleines Gewerbegebiet entstanden. Nahe der Bahngleise errichtete 1910 die Bayerische Zentral-Darlehenskasse München das „Landwirtschaftliche Lagerhaus Regensburg" (später BayWa Lagerhaus) mit einem Siloturm. Weiter nördlich ist der Gebäudekomplex der Mittelbayerischen Zeitung zu sehen. Von 1911 bis 1933 war in diesem Anwesen die Maschinenfabrik Lanz ansässig, danach bis 1945 der nationalsozialistische Gauverlag Bayerische Ostmark, der in den früheren Maschinenhallen eine Druckerei betrieb. Seit 1945 wird an diesem Ort die Mittelbayerische Zeitung hergestellt.

Auf dem Luftbild von 1958 ist in der Bildmitte das Schloss St. Emmeram erkennbar. Dessen Park geht, ganz im Sinne romantischer Gartenkunst, scheinbar grenzenlos in den Grüngürtel über. Lediglich der jüngere, im Süden bis an die Margaretenstraße heranreichende so genannte Ressource-Garten hebt sich klar ab.

1958

1989 bis 1991 wurde die Kumpfmühler Brücke nach Plänen des Architekturbüros Dömges neu gebaut. Sie führt stadteinwärts zu dem mächtig gewachsenen Druckzentrum der Mittelbayerischen Zeitung. Das landwirtschaftliche Lagerhaus fiel 1998 der Spitzhacke zum Opfer. Auf dem Grundstück wurden Parkplätze geschaffen.

JUSTIZGEBÄUDE

Im Zentrum des 1958 aufgenommenen Fotos steht das 1905 von Friedrich Niedermayer erbaute Justizgebäude. Gegenüber der Südmauer des Dörnbergparks gelegen, verleiht es der Augustenstraße an der Ecke zur Kumpfmühler Straße städtebauliche Relevanz. Zu der in Formen der deutschen Renaissance errichteten Anlage gehören auch das Wohnhaus des Gefängnispersonals in der rechten unteren Bildecke sowie das dahinter liegende, ebenfalls vom Bildrand überschnittene Gefängnisgebäude.

An der Kumpfmühler Straße, südlich an das Justizgelände anschließend, liegt das ebenfalls noch in historistischen Formen errichtete Wasser- und Schifffahrtsamt, nach dem Ersten Weltkrieg entstanden als „Neubauamt Regensburg für den Ausbau der Großschifffahrtsstraße Rhein-Main-Donau".

Östlich der Kumpfmühler Straße und entlang der Margaretenstraße erkennt man die Gebäude des Mittelbayerischen Verlages.

Das städtebauliche Umfeld des Justizgebäudes hat sich erheblich verändert. Das historistische Wohnhaus des Gefängnispersonals musste dem 1988 eröffneten Amtsgerichtsgebäude weichen. Dieses fügt sich durch die Anordnung der Baukörper und die Dachausbildung schlüssig in die Anlage des historistischen Justizkomplexes ein.

Südlich des Wasser- und Schifffahrtsamtes, parallel zur Ladehofstraße, wurde Mitte der Achtzigerjahre das Wohn- und Geschäftshaus Kumpfmühler Straße 8/8a errichtet.

Auf dem Grundstück der Mittelbayerischen Druckerei und Verlagsgesellschaft entstand zwischen Margareten- und Bahnhofstraße bis 1991 eine kompakte Bautengruppe, die ihre aktuelle Eingangsgestaltung einem im Januar 2006 abgeschlossenen Umbau verdankt. Südlich der Bahnhofstraße ist nach dem Abbruch einer Reihe von Bahngebäuden eine als Parkplatz genutzte städtebauliche Brache entstanden.

2007

THURMAYERSTRASSE

Westlich der Hoppestraße und nördlich des Gleiskörpers haben sich Ende des 19. Jahrhunderts eine Reihe von Speditionen angesiedelt, für die der Bahnanschluss lebensnotwendig war. Vor allem Brennstoffe wie Kohle und Koks von der Ruhr und aus dem Saarland für die Regensburger Haushalte und Gewerbebetriebe kamen per Bahn. Stückgut und andere Handelswaren wurden in den gleisseitigen Schuppen zwischengelagert. Das Luftbild von 1958 zeigt den in Eisenbahnkreisen so bezeichneten „Nordbahnhof" sowie die mittelständischen Speditionsbetriebe mit ihren Lagerkapazitäten. Die verkehrswirtschaftliche Bedeutung dieses Areals lag auf der Hand: Mitte der 1950er Jahre wurden noch 55 % der Mengen im Güterfernverkehr von der Bahn abgefahren und nur 17 % vom Lastkraftwagen.

Wo einst Kohlen in Säcke gefüllt wurden, stehen heute schicke Reihenhäuser und moderne Wohnblocks. Die Speditionsbetriebe sind abgezogen; sie brauchen heute einen optimalen Anschluss an die Autobahn und das überregionale Straßennetz, denn über 70 % der Güter transportiert der Lastkraftwagen. Vom Güterbahnhof sind nur mehr die alten Gleistrassen zu sehen. Für die Stadtentwicklung gibt es neue Potenziale, die die Planer in den nächsten Jahren nutzen werden.

2007

GEWERBEGEBIET ZWISCHEN LISKIRCHERSTRASSE UND THURMAYERSTRASSE

Bereits an anderer Stelle (vgl. S. 92, 98) wurde über die besondere Rolle der Bahn beim Gütertransport im 20. Jahrhundert gesprochen. Das Luftbild aus dem Jahr 1958 zeigt das Betriebsgelände der Fa. Pfannenstiel, welche vor allem mit Brennstoffen handelte. In den 1950er Jahren beheizten die Regensburger ihre Wohnungen noch überwiegend mit Kohleöfen. Das „moderne" Heizöl war erst auf dem Vormarsch. Andere Alternativen wie Erdgas, Solar- bzw. Windkraft waren so gut wie unbekannt. Am oberen Bildrand sind die Produktionsanlagen der Brauerei Bischofshof zu sehen, die an dieser Stelle im Jahr 1903 entstand. Dahinter liegt das Jahnstadion.

Zwischen der Dechbettener Straße, der Liskircherstraße und den Bahnanlagen ist die Hektik früherer Jahrzehnte einer gewissen Beschaulichkeit gewichen. Die meisten Schuppen und Lagerhäuser wurden bereits beseitigt. Der Brennstoff Kohle ist mittlerweile als „Klimakiller" entlarvt. Zwischen der Dechbettener Straße und den früheren Gleissträngen der Bahn bieten sich nun neue Entwicklungschancen. Vergleichbar gut überstanden hat die Brauerei Bischofshof die letzten 50 Jahre. Sie konnte sichtbar expandieren, und lediglich die in den Kriegsjahren aufgebrachte Tarnung des Fabrikschlots weist noch auf ernstere Zeiten hin.

2007

STADTPARK

Diese Aufnahme aus dem Jahr 1936 zeigt den Blick über die Prebrunnallee nach Westen. In der Bildmitte sind die Gebäude und Freiflächen der Oberpfälzischen Kreisausstellung zu sehen, die 1910 anlässlich der hundertjährigen Zugehörigkeit Regensburgs zum Königreich Bayern stattgefunden hatte. Dominiert wird das Gelände vom Aussichtsturm und der Haupthalle, in den Dreißigerjahren auch Stadthalle genannt. Im rechten Winkel dazu steht die von einer Kuppel überragte, durch Umbau der ehemaligen städtischen Turnhalle entstandene Ausstellungshalle für sakrale Kunst. Dieser vorgelagert, erkennt man an der Schützenstraße (heute Dr.-Johann-Maier-Straße) das einstige Schießhaus der Pürschbüchsengesellschaft.

Der südlich an das ehemalige Ausstellungsgelände angrenzende, 1898 aufgelassene evangelische Lazarusfriedhof wurde im Jahr der Aufnahme von der Stadt Regensburg erworben, um ihn in den neuen Stadtpark einzugliedern. Mit dessen Anlage hatte man nach dem Ende der Kreisausstellung begonnen.

1936

Nur mühsam lässt sich noch der Bereich der Oberpfälzischen Kreisausstellung ausmachen. Die große Halle und der Aussichtsturm, wertvolle Zeugnisse des Regensburger Jugendstils, sind im Bombenhagel des Zweiten Weltkriegs untergegangen. Das Ausstellungsgebäude für sakrale Kunst, seit den Fünfzigerjahren Heimstätte für Kunst aus den ehemals deutschen Gebieten Mittel- und Osteuropas, ist durch Anbauten 1970 und 1981 zu einem modernen Museum geworden (Kunstforum Ostdeutsche Galerie). Der ursprünglich dem Park zugewandte Portikus wurde 1970 auf die Ostseite versetzt. Seit 2006 fällt er durch die rote Ummantelung der Pfeiler, eine Installation von Magdalena Jetelová, besonders ins Auge.

2007

N

JAHNSTADION AN DER PRÜFENINGER STRASSE

Es ist schon eine sporthistorische Besonderheit, wenn eine 1. Mannschaft eines Fußballvereins seit über 80 Jahren ihre Ligaspiele in ein und demselben Stadion austrägt. 1907 gilt als Gründungsjahr für die Jahnfußballer, als im Turnerbund Jahn Regensburg eine „Fußballriege" ins Leben gerufen wurde. 1926 konnte der Verein den Platz an der Prüfeninger Straße einweihen, auf dem fünf Jahre später ein moderner Tribünenbau mit Gaststätte seiner Bestimmung übergeben wurde. Eine wesentliche Erweiterung erfuhr das Stadion 1949, vor allem im Bereich der Stehränge. Über 30.000 Zuschauer konnten nun die Spiele des SSV Jahn Regensburg verfolgen. Den sportlichen Höhen und Tiefen folgten auch wirtschaftliche Krisen. 1975 war der hochverschuldete Verein gezwungen, das Stadion an die Stadt zu veräußern. Bereits einige Jahre vorher war aus den gleichen Gründen der auf dem Bild erkennbare, östlich der Gegengerade gelegene Nebenplatz an einen Bauträger verkauft worden.

1958

Nahezu unverändert präsentierte sich das Stadion rund 50 Jahre später. Lediglich 2003 mussten für den Aufstieg in die 2. Liga südlich der Tribüne in Containern neue Funktionsräume geschaffen werden. Die Sportstätte ist in die Jahre gekommen. Sie ist in der modernen Erlebnis- und Showwelt des Fußballs ein Anachronismus. Neubaupläne für ein Stadion an anderer Stelle liegen in der Schublade.

2007

KRANKENHAUS DER BARMHERZIGEN BRÜDER, PRÜFENINGER STRASSE
1927 errichtete der Orden der Barmherzigen Brüder an der Prüfeninger Straße auf eigene Rechnung ein Krankenhaus für Männer. Die Stadt Regensburg, die an der Gesundheitsvorsorge für ihre Bürger starkes Interesse hatte, jedoch finanziell nicht in der Lage war, ein kommunales Krankenhaus selbst zu errichten, stellte den Grund und Boden unentgeltlich zur Verfügung. 1929 fand die feierliche Einweihung des Spitals statt. Bereits ein Jahr zuvor hatte sich der Orden entschlossen, auch ein Frauenkrankenhaus zu bauen, für dessen Betreuung der Orden der Barmherzigen Schwestern gewonnen wurde. Der Münchner Architekt Alfred Boßlet konzipierte die Gesamtanlage in Anlehnung an den modern-sachlichen Stil des Dessauer Bauhauses. Mit 450 Betten in beiden Häusern war das Krankenhaus lange Zeit eines der größten Häuser in Ostbayern. Den Orden kostete das Projekt damals 8,3 Mio. Reichsmark, die Stadt Regensburg hatte einen Anteil von 214.000 Reichsmark zu tragen. Das Bild aus dem Jahr 1957 zeigt noch die bauzeitliche Konzeption aus den Zwanzigerjahren.

Fünf Jahrzehnte später ist das einst weitläufige Gelände nahezu vollständig bebaut. Mitte der Siebzigerjahre begann eine tiefgreifende Modernisierung sowie die kontinuierliche Erweiterung und Spezialisierung des Krankenhauses. 1995 wurde das Zentralgebäude, das beide Bettenhäuser verbindet, in Betrieb genommen. Ein weiteres Bettenhaus folgte im Jahr 2000. Trotz der weitergehenden Neuorganisation und ungeachtet der zunehmenden medizinischen Spezialisierung – etwa durch die Gründung der Abteilung für geriatrische Rehabilitation – steht nach wie vor die Pflege Kranker und Bedürftiger im Sinne des Ordensgründers Johannes von Gott im Vordergrund .

STUDIENSEMINAR ST. EMMERAM

1960 errichtete die Stiftung Studienseminar Neuburg/Donau am Brunnweg im Westen der Stadt ein Schülerheim mit 130 Wohnplätzen. Die Pläne für das „Studienseminar St. Emmeram Regensburg" fertigte das Regensburger Architekturbüro Günthner. Um die Bebauung auf der freien Flur zu ermöglichen, wandte die Stadt ein Gesetz aus dem Jahre 1923 an, welches lediglich die Einleitung eines „Grundstücksneueinteilungsverfahrens" zur Genehmigungsvoraussetzung machte.

Der Bau ging schnell voran, so dass zum 1. Januar 1961 bereits die ersten Zöglinge aufgenommen werden konnten. Im selben Jahr entstand das Foto.

1961

Vor allem in den 1970er Jahren schritt die städtebauliche Entwicklung zwischen der heutigen Clermont-Ferrand-Allee, der Boessnerstraße, dem Weinweg und der Westumgehung zügig voran. Im östlichen Umfeld des Schülerheims entstanden so das Seminar Westmünster und die Bischof-Manfred-Müller-Schule. Westlich davon errichtete die Alumneumsstiftung ein Studentenheim sowie die Caritas das Seniorenwohnstift Friedheim.

HOCHWEG,
KLEIDERFABRIK WILLI SCHILDT

Ende der 1930er Jahre gründete Willi Schildt zusammen mit Georg Rieger in der Glockengasse ein Fachgeschäft für Herren- und Knabenbekleidung. Nach 1945 wurde die Bekleidung selbst hergestellt und 1953 eine neue Fabrik am Hochweg errichtet. In verschiedenen Bauabschnitten erfuhren die Produktionsanlagen in den 1960er Jahren umfangreiche Erweiterungen. In der Altstadt unterhielt die Firma mehrere Läden.

1958, zum Zeitpunkt der Aufnahme, befand sich die Fabrik noch in Alleinlage inmitten von Feldern. Am rechten Bildrand sind die Einfamilien- und Reihenhäuser an der Josef-Adler- bzw. Engelhartstraße erkennbar. Im oberen Bilddrittel ist eine dichte Reihe von hohen Bäumen zu sehen. Hinter ihnen verbirgt sich das städtische Strandbad Schillerwiese.

1958

Die in der zweiten Hälfte des 20. Jahrhunderts in Regensburg stark expandierende Textil- und Bekleidungsindustrie geriet zum Ende des Jahrhunderts in eine strukturelle Krise. 1999 wurde das Fabrikgelände an eine Regensburger Bauträgergesellschaft veräußert. Wo früher flinke Frauenhände Sakkos und Hosen nähten, wird heute gewohnt. Auf rund 1,5 ha Fläche entstanden in den Jahren 2006 und 2007 die so genannten Hochwegterrassen, eine Anlage mit rund 240 Wohneinheiten.

Eine spürbare Trennung der Stadtquartiere im „Inneren Westen" Regensburgs ergibt sich durch die Lage der ca. 5 km langen Westumgehung. Ursprünglich als B 16 (neu) geplant, sollte sie den Nord-Süd-Transit-Verkehr an Regensburg vorbeiführen. 1960 fiel die Grundsatzentscheidung zugunsten der Trasse, die heute den Stadtwesten teilt. Ende 1966 wurde bereits eine Fahrbahn der 550 m langen Pfaffensteiner Brücke dem Verkehr übergeben, 1971 der Abschnitt von der Prüfeninger Straße zum Regensburger Kreuz. Heute ist die „Westumgehung" Teil der A 93 Regensburg-Weiden.

2007

MARGARETENAU

Auf Initiative des Oberlehrers Georg Herbst wurde am 14. Juni 1918 die „Gemeinnützige Baugenossenschaft für Kleinsiedlung und Kriegerheimstätten eGmbH“, heute Baugenossenschaft Margaretenau eG, gegründet. Ziel des Bauvereins war die Errichtung einer Gartenstadt im Westen Regensburgs auf Flächen, die das fürstliche Haus Thurn und Taxis, die Stiftung St. Paul und die Evangelische Wohltätigkeitsstiftung teils in Erbpacht zur Verfügung stellten oder direkt an die Genossenschaft veräußerten. Die Genossenschaftsmitglieder repräsentierten bereits in der Gründungsphase keineswegs ausschließlich die Arbeiterschaft. Vielmehr schlossen sich frühzeitig Beamte, Selbstständige und Freiberufler dem Bauverein an. Ab 1920 setzte die Bautätigkeit nach einem städtebaulichen Entwurf des Architekten C. Winkler ein. Der Kern der Siedlung südlich der Prüfeninger Straße entstand noch in den 1920er Jahren.

Das Luftbild von 1957 zeigt die Margaretenau zwischen der Prüfeninger Straße und dem Lindenplatz. Zwei Sportanlagen begrenzen die Siedlung. Im Osten ist es das Jahnstadion und im Westen liegen die Sportplätze des Postsportvereins Regensburg.

In den 1930er Jahren entstanden die Häuser im Bereich der Lindenstraße. Nach dem Zweiten Weltkrieg errichtete die Genossenschaft Wohnblocks an der Georg-Herbst-Straße. Zusammen mit Objekten in Königswiesen, Kumpfmühl und Donaustauf werden heute 557 Wohnungen in 117 Häusern betreut und verwaltet. Zwischenzeitlich befindet sich auch der gesamte Grund und Boden im Eigentum der Genossenschaft.

GOETHE-GYMNASIUM (EHEMALIGE OBERREALSCHULE) UND ST. FIDELIS

1907 erhielt Bayern mit der „Oberrealschule" einen neuen Schulzweig, der mit einem mathematisch-naturwissenschaftlichen Schwerpunkt die höhere Schulbildung, die bislang humanistisch-altphilologisch ausgerichtet war, ergänzen sollte. Vor allem sollte der Nachwuchs für die Ende des 19. Jahrhunderts gegründeten Technischen Hochschulen mit ihren natur- und ingenieurwissenschaftlichen Fakultäten herangebildet werden. Regensburg erhielt seine Oberrealschule erst im Jahre 1913. Dafür wurde aber weit vor den Toren der Stadt an der Prüfeninger Straße ein völlig neuer Schulkomplex nach neuesten schulpädagogischen Erkenntnissen errichtet, der die erforderlichen Unterrichtssäle für die naturwissenschaftlichen Fächer enthielt, aber ebenso zwei große Turnsäle und großzügige Freisportflächen entsprechend der lateinischen Phrase „mens sana in corpore sano".

Nördlich der höheren Lehranstalt entstand 1920/21 nach den Plänen von Heinrich Hauberrisser an der Uhlandstraße das Kapuzinerkloster mit dem Knabenseminar St. Fidelis. Die schlossartige neubarocke Anlage korrespondiert mit dem wuchtigen Schulbau des Gymnasiums und bildet bis heute ein markantes Ensemble der Bildung und Erziehung junger Menschen zu Beginn des 20. Jahrhunderts. 1972 wurde das Studienseminar geschlossen, 1991 verließen die Kapuziner das Kloster.

1958

Der Wohnungsbau der 1950er und frühen 1960er Jahre hat den Inneren Westen der Stadt erreicht. An der Lessing- und Uhlandstraße entstanden zeitgenössische Wohnblocks. Beherrscht wird die Szenerie aber weiter vom mächtigen Schulbau mit seinem charakteristischen Uhrturm. Das Bildungsangebot der Schule wird nach wie vor gerne angenommen. Die Schülerzahlen steigen. So entstand 2006/2008 an der Uhlandstraße ein flacher Neubau, der helfen soll, die Raumnot an der Schule zu lindern.

KAUFMÄNNISCHE MÄDCHEN-BERUFSSCHULE, EHEMALIGES VERWALTUNGS-GEBÄUDE DER MESSERSCHMITT-FLUGZEUGWERKE GMBH

Zwischen dem Krankenhaus der Barmherzigen Brüder und dem einst fürstlichen Rennplatz entstand nördlich der Prüfeninger Straße auf einer rund 100 ha großen Fläche ab 1936 ein Zweigwerk der Bayerischen Flugzeugwerke AG (BFW). Im März 1937 begann der Bau des Verwaltungsgebäudes, welches parallel zur Prüfeninger Straße situiert wurde und nach Süden ein parkähnliches Vorfeld erhielt. Ende 1937 war das Gebäude fertiggestellt und seiner Bestimmung übergeben. Die von Alliierten geflogenen Luftangriffe auf das Messerschmittwerk zerstörten in den Folgejahren teilweise auch das Bürogebäude. Nach 1945 erwarb die Stadt Regensburg den Verwaltungsbau und richtete darin zunächst die Volksschule West ein. Später folgte die Schule für kaufmännische Berufe für Mädchen. Das Luftbild aus dem Jahr 1958 zeigt das für Schulzwecke adaptierte ehemalige Verwaltungsgebäude des Flugzeugwerks sowie im Umfeld nach Westen bzw. Norden Hallen der früheren Flugzeugproduktion, in denen sich bereits Nachfolgebetriebe etabliert haben. Westlich davon schließt der fürstliche Rennplatz an, auf dem zu jener Zeit noch Pferderennen durchgeführt wurden.

1958

Nach fünfzig Jahren ist im Westen der Stadt weder vom fürstlichen Rennplatz noch vom ehemaligen Flugzeugwerk etwas zu erkennen. Eine neue Wohnbebauung hat sich Anfang der Neunzigerjahre auf dem Rennplatz entwickelt. Aber auch auf dem früheren Werksgelände an der Lilienthalstraße präsentieren sich heute neue Anlieger, wie das Funkhaus Regensburg oder die Sparkasse Regensburg. Lediglich das Straßen- und Wegenetz sowie das ehemalige Verwaltungsgebäude des Flugzeugwerks geben noch Hinweise auf die Existenz eines großen Rüstungsbetriebs.

FÜRSTLICHER RENNPLATZ UND BAUGEBIET AN DER ALFONS-BAYERER-STRASSE

Im Jahre 1901 legte der Regensburger Rennverein in Prüfening einen Rennplatz an. Dabei wurden hauptsächlich Grundstücke des fürstlichen Hauses Thurn und Taxis beansprucht und Fürst Albert, der auch Protektor des Rennvereins war, übernahm die Bürgschaft für eine größere Darlehensschuld, welche der Verein für den Ausbau der Anlagen auf sich genommen hatte. Als der Verein 1907 in wirtschaftliche Schwierigkeiten geriet, erwarb das fürstliche Haus den Rennplatz und gestaltete diesen nach neuen Gesichtspunkten mit Zuschauertribünen, Stallungen und einem Verwaltungsgebäude aus. Die Reitveranstaltungen in Prüfening waren für die Regensburger Gesellschaft stets große Ereignisse. Das Interesse des fürstlichen Hauses am Reitsport und an einem eigenen Marstall ging nach dem Tode von Fürstin Margarete im Jahre 1955 deutlich zurück. Zeitweilig fanden in Prüfening auch Motorrad- und Sandbahnrennen statt, bis Anfang der 1970er Jahre der Rennverein Regensburg, der das Areal betreute, in den Landkreis übersiedelte. Nach langjährigen Bemühungen konnte die Stadt Regensburg das Gelände des Rennplatzes im Einvernehmen mit dem fürstlichen Haus überplanen. 1983 wurde ein städtebaulicher Ideenwettbewerb durchgeführt und 1989 ein Bebauungsplan vorgelegt, nach dessen Vorgaben in den Jahren ab 1990 gebaut wurde.
Bereits 25 Jahre vorher war nordwestlich des Rennplatzes an der Alfons-Bayerer-Straße eine Siedlung mit Wohnblöcken entstanden, die von der Stadtbau GmbH errichtet wurde. Mit dem Haus Alfons-Bayerer-Straße 2 entstand ein weithin sichtbares architektonisches Zeichen im Donaubogen.

1968

Im Jahre 2007 ist der ehemalige Rennplatz bebaut. Die straffe Ordnung der Baukörper und das Begleitgrün der Straßen lassen noch einstige Konturen des Rennplatzes erahnen.
Nördlich davon haben sich die Firmen Siemens bzw. Infineon und Osram mit weitläufigen Produktionsstätten etabliert. Für die industrielle Entwicklung und Erweiterung bestehen sogar noch Reserven.

AM HOCHWEG,
TEPPICHWERK REGENSBURG

Ab 1952 siedelte sich auf einem Gelände im Stadtwesten, südlich des Hochwegs, ein Teppichwerk an, welches 1956 von der Schaefflergruppe übernommen wurde. Der Betrieb erzeugte hochwertige Teppichböden für Büros und Kaufhäuser sowie Textilien für die Automobilindustrie. Auf dem rund 4,5 ha großen Werksareal wurde bis 1997 produziert.

Am oberen Bildrand sind die Werksanlagen von Siemens und Halske zu erkennen; rechts davon nimmt der Baggersee bereits Gestalt an.

1968

Ein Regensburger Bauträgerunternehmen hat Ende der 1990er Jahre das Areal mit den Gebäuden der ehemaligen Teppichfabrik übernommen. Zusammen mit der Stadtverwaltung wurde die „Wohnoase am Hochweg“ mit 650 Wohneinheiten und 4.000 m² Gewerbefläche entwickelt. Dem Vorhaben vorausgegangen war eine eingehende Sanierung der auf dem Grundstück vorhandenen Altlasten. Auf dem Luftbild aus dem Jahre 2007 befindet sich das neue Wohnquartier baulich bereits in der Fertigstellungsphase. Damit werden schrittweise auch die bereits nach dem Ende des Zweiten Weltkriegs formulierten Stadtentwicklungsziele umgesetzt, die den Stadtwesten ausschließlich als Wohnstandort gesehen hatten.

LILIENTHALSTRASSE, REGENSBURGER FAHRZEUG- UND MASCHINENBAU GMBH

In einer ehemaligen Werkhalle des Messerschmitt Flugzeugwerks in Regensburg begann im Jahre 1953 die Regensburger Stahl- und Metallbau GmbH die Serienproduktion des legendären Kabinenrollers KR 175. Das von dem Konstrukteur Fritz M. Fendt entwickelte Rollermobil verfügte über drei Räder und zwei hintereinander angeordnete Sitze, so dass dadurch ein ungewöhnlich schmaler, aerodynamisch günstiger Fahrzeugkörper entstand. Das Regensburger Werk konnte täglich bis zu 80 Fahrzeuge produzieren. 1957 wurde die Fahrzeug- und Maschinenbau Regensburg GmbH gegründet, die mit den Gesellschaftern des Unternehmens Fendt und Knott den Kabinenroller weiter produzierte. Das Luftbild aus dem Jahre 1961 dokumentiert den Betrieb bereits am Ende der Produktionsphase, die drei Jahre später erreicht wurde.

Auf dem oberen Bildrand sind die ersten Gebäude der Bauelementefertigung von Siemens & Halske zu sehen. 1959 erwarb der Konzern Teile des früheren Flugfeldes der Messerschmitt GmbH und begann mit der Errichtung von Produktionsanlagen. Das Richtfest für den Rohbau wurde am 21.10.1960 gefeiert, im Herbst 1961 – zum Zeitpunkt der Aufnahme – lief bereits die Produktion. Es entstanden vor allem Arbeitsplätze für Frauen, die Widerstände, Kondensatoren und Bauelemente für den Störschutz fertigten.

1961

Gut 45 Jahre später sind von den früheren Produktionshallen des Flugzeugwerkes keine baulichen Zeugen mehr erkennbar. Wo einst der Kabinenroller produziert wurde, verwaltet die Sparkasse Regensburg Einlagen und Vermögen von Bürgern der Region. Der Bau entstand im Jahre 1994/95. Südlich davon hat sich die Deutsche Bundesbank, Filiale Regensburg, etabliert.

Eine gewaltige Ausdehnung hat insbesondere Ende der 1990er Jahre der Siemens-Standort erfahren. Die Ansiedlung der Osram Opto Semiconductors GmbH im Jahre 2001 und einige Jahre vorher ein Spezialwerk zur Herstellung von Mikrochips gaben dem Industriestandort Regensburg einen gewaltigen Schub. Die nach Süden erkennbare Freifläche bietet dem Konzern in Regensburg auch in der Zukunft noch Erweiterungsmöglichkeiten.

BAGGERSEE,
NÄHE MESSERSCHMITTSTRASSE

1952, fünf Jahre vor Entstehung der Aufnahme, erwarb die Stadt von der Messerschmitt GmbH den nördlichen Teil des einstigen Flugfeldes für die Kiesgewinnung. Die rege Bautätigkeit im Wohnungs- und Straßenbau in den 1950er Jahren ließ die Nachfrage nach dem Grundstoff der Bauindustrie stark ansteigen. Mit Schwimmbaggern wurde der Kies gefördert und noch vor Ort für die Baustellen aufbereitet.
Nördlich der Donau ist der Ortsteil Oberwinzer erkennbar. Hohe Straßenbäume markieren die Trasse der alten Bundesstraße 8.

1957

2007 präsentiert sich die Donaulandschaft in einem neuen Gewand. Am nördlichsten Punkt des Donaulaufs erstreckt sich auf 2,5 km Länge eine 60 ha große Parklandschaft, mit deren Ausgestaltung 1964 begonnen wurde. Der Baggersee ist zum Grundwassersee geworden. Durch den von 1971 bis 1978 durchgeführten Staustufenbau liegt der Wasserspiegel des Sees heute unter jenem der Donau. Zufließendes Wasser muss daher permanent abgepumpt werden. Daher erreicht das Wasser im Sommer keine Badetemperaturen mehr und im Winter friert der See kaum zu. Auch die Uferlandschaft hat sich auf beiden Seiten der Donau stark verändert. Rad- und Spazierwege machen den Fluss heute erlebbar. Auch in Oberwinzer ist ein Wandel eingetreten: Intensiver Gartenbau versorgt die Regensburger mit frischen Feldfrüchten und Gemüse.

GROSSPRÜFENING

Regensburgs Westen war in den 1950er und 60er Jahren ein Schwerpunkt im Wohnungsbau. Dies entsprach im Wesentlichen der Stadtentwicklungspolitik nach 1945, wonach im Stadtwesten gewohnt werden sollte. Ansiedlungen für Industrie und Gewerbe waren im Osten der Stadt. Letztendlich konnten die stadtstrukturellen Zielsetzungen jedoch nicht eins zu eins umgesetzt werden. Industriesiedlungen ließen sich auch im Stadtwesten nicht vermeiden. Auf dem Foto von 1957 geht der Blick von Großprüfening nach Norden zum Donaubogen, wo sich im Bereich des heutigen Roten-Brach-Wegs die ersten Regensburger den Traum vom Eigenheim erfüllt haben.

1957

Fünf Jahrzehnte später präsentiert sich die Stadtlandschaft in einem völlig neuen Gewand. Nördlich der Bahnlinie Regensburg-Nürnberg entstand ein eigener Stadtteil, der mit dem Baugebiet an den Klostergründen nun einen Abschluss zur Donau hin findet. Der in den Jahren 1971 bis 1978 durchgeführte Ausbau der Donau hat eine völlig neue Flusslandschaft geschaffen. Die insbesondere in den 1980er Jahren forcierte Grünplanung führt nun auch zu einem neuen Landschaftsbild. Privates und öffentliches Grün, Wegebeziehungen für Fußgänger und Radfahrer geben der Landschaft ein neues Gepräge und eine neue Qualität.

GROSSPRÜFENING UND DIE SIEDLUNGEN NÖRDLICH DES RENNWEGS
Die Eisenbahntrassen Regensburg-Nürnberg und Regensburg-Ingolstadt schränkten mit ihren hohen Dämmen die städtebauliche Entwicklung von Großprüfening schon seit Ende des 19. Jahrhunderts ein. Bauland bot sich aufgrund der topografischen Gegebenheiten nur nördlich der Bahntrassen und westlich des Rennplatzes an. Schon in den 1930er Jahren entstand im Bereich der Ligastraße eine kleine Wohnsiedlung mit Einfamilienhäusern. In den 1950er Jahren – die Gemarkung Großprüfening war mittlerweile Regensburg einverleibt worden – setzte sich die Siedlungstätigkeit fort. Wie auf dem Luftbild von 1957 erkennbar, entstehen zwischen der Ligastraße und dem Roten-Brach-Weg weitere Wohnhäuser. Nordwestlich des neuen Quartiers wird mit der Kiesentnahme am Baggersee begonnen. Gut erkennbar ist ferner das Flugfeld mit dem Hangar der ehemaligen Messerschmitt-Flugzeugwerke, welche nördlich des fürstlichen Rennplatzes anschließen.

2007 hat die Stadt den gesamten Donaubogen erobert. Der Rennplatz ist ein Wohnquartier, auf dem ehemaligen Flugfeld hat sich Siemens etabliert. Eigenheime und Geschossbauten der Fünfziger- und Sechzigerjahre prägen das Bild nördlich des Rennwegs. In Bauvorbereitung befindet sich nun das neue Quartier „Klostergründe", das den Stadtwesten zur Donau hin städtebaulich abschließen soll.

KIESWERK DER FA. GEBRÜDER ALMER AN DER WESTENDSTRASSE

1936 eröffnete die Firma Gebrüder Almer am rechten Donauufer unterhalb der Schillerwiese ein Kieswerk. Das 1878 in Stadtamhof gegründete Fuhrgeschäft spezialisierte sich während des Baubooms der Gründerzeit zunächst auf die Gewinnung von Sand aus dem Regenfluss. Später wurde mit großem Gerät Flusskies aus der Donau gebaggert, nicht zuletzt um die Schifffahrtsrinne zu verbessern. In den 1950er Jahren ging die Flussbaggerei aus wasserbautechnischen Gründen immer mehr zurück

Westlich des Kieswerkes produzierte ein weiteres Unternehmen aus dem Donaukies unter Beimengung von Bitumen Asphalt. Aufgrund massiver Anwohnerbeschwerden schlossen beide Unternehmen ihre Betriebe Ende der 1980er Jahre. In der Bildmitte, nach Süden hin, richtet sich der Blick auf die in den 1950er Jahren errichteten Anlagen der städtischen Gärtnerei sowie auf die im Hintergrund befindliche Landwirtschaftsschule, die vom Landkreis betrieben wurde.

1958

Der Wohnungsbau hat das Areal zwischen der heutigen Clermont-Ferrand-Allee und dem Donauufer erobert. Geblieben und sogar erweitert hat sich das städtische Gartenamt am Standort Weinweg. Im Zuge des Donauausbaus und der Errichtung des Kraftwerks Regensburg hat man das Donauufer weiter nach Süden verschoben, um für die Bootsschleuse Platz zu gewinnen.

ALTE MAUTH, NÜRNBERGER STRASSE

Die Aufnahme hält den Zustand des nördlichen Donauufers zwischen den Ortsteilen Steinweg und Niederwinzer im Jahre 1958 fest. Im Zentrum steht die Bautengruppe der „Alten Mauth“. Sie erinnert daran, dass hier, an dem im späten 15. Jahrhundert angelegten Handelsweg nach Nürnberg, einst Wegezoll zu entrichten war. Als das Foto entstand, war das um 1800 erbaute Haupthaus bereits seit Generationen eine Gastwirtschaft. Das langgestreckte, 1832 errichtete Nebengebäude war notdürftig vermietet. Den westlichen Abschluss der Häusergruppe bildete ein altes Haus mit malerischem Schopfwalm. Es beherbergte damals eine Gärtnerei.

Unter der spärlichen Vegetationsdecke des Hanges zeichnen sich noch die Terrassen ab, auf denen über Jahrhunderte hinweg Weinbau betrieben worden war.

1958

Die Landschaft hat ihr Gesicht verändert. Das naturbelassene Ufer ist in den Siebzigerjahren einer vierspurigen Straße (B 8) gewichen. Der Hang wurde weitgehend aufgeforstet; an seinem Fuß wachsen Terrassenhäuser empor. Geradezu folgerichtig ist auch schon in den Sechzigerjahren das schöne, für die Gegend einst charakteristische Haus mit seinem Schopfwalm verschwunden. Die „Alte Mauth" selbst wurde 1994 saniert und zur Wohnnutzung umgebaut.

STEINWEG, KREUZUNG FRANKENSTRASSE/DREHERGASSE

Die bis 1924 selbstständige Gemeinde Steinweg profitierte jahrhundertelang von ihrer günstigen Lage an wichtigen Straßenverbindungen nach Norden und Westen. Durch Steinweg führten die Straßen nach Nürnberg und über die alte Regenbrücke hinauf in die Oberpfalz oder in den Vorwald. Gaststätten sowie ein wohl sortierter Einzelhandel machten Steinweg zu einer wichtigen Zwischenstation, insbesondere für die Landbevölkerung aus einem weiten Umfeld. Handel und Wandel brachten vielen Steinwegern Wohlstand, der vor allem in der Gründerzeit die Baulust förderte. Wie auf dem Bilddokument ersichtlich, entstanden parallel zur Schwandorfer Straße und zur Alten Nürnberger Straße stattliche Wohn- und Geschäftshäuser.

1958

Durch den Bau der neuen Regenbrücke 1938 und die Trassierung der damaligen Reichsstraße 8, heute Bundesstraße 8, wurde Steinweg geteilt. Heute trennt den Vorort eine mehrspurige, leistungsfähige Magistrale in Ost-West-Richtung. Die früher so wichtige Verbindung nach Norden ist heute ohne Bedeutung. Die einst dem Gartenbau gewidmeten Flächen sind zwischenzeitlich bebaut. Mehrstöckige Gebäudezeilen sollen die rückwärtigen Bereiche vor dem Verkehrslärm schützen.

DREIFALTIGKEITSKIRCHE UND BERGFRIEDHOF

Als 1713 in Regensburg und seinen Nachbargemeinden die Pest wütete, gelobten Bewohner von Stadtamhof und Steinweg den Bau der Dreifaltigkeitskirche. Zwei Jahre später wurde die Kirche geweiht. 1837 erfolgte ein Ausbau im „Rundbogenstil", 1933 eine Verlängerung nach Westen.

Das Bild aus dem Jahr 1968 zeigt die Kirche von Osten. Nördlich anschließend erkennt man das Dach des Mesnerhauses und die alten Friedhöfe von Steinweg (errichtet 1798) und Stadtamhof (errichtet 1812, nach Westen erweitert 1818). In der Bildmitte ist bereits die Flächengliederung des ab 1967 von der Stadt Regensburg angelegten, ca. 9 ha großen neuen Bergfriedhofes zu erkennen.

1968

Der neue Bergfriedhof hat sich innerhalb von vier Jahrzehnten in eine lebendige Parklandschaft verwandelt. Die Stätten der letzten Ruhe und die Natur bilden eine Einheit. Im Gegensatz dazu stehen die alten Friedhöfe von Steinweg und Stadtamhof. Im Schatten der Dreifaltigkeitskirche gelegen, entsprechen sie dem bis ins späte 19. Jahrhundert üblichen Friedhofstypus.
Nordöstlich der Friedhöfe hat sich in den 1990er Jahren auf einem ehemaligen Ziegeleigelände eine ambitionierte Wohnbebauung etabliert (vgl. S. 139).

2007

ZIEGELEI STROBEL, AM GEIERSBERGWEG

Der Baumeister Simon Strobel betrieb Ende des 19. Jahrhunderts eine Ziegelei in Reinhausen. 1894 beantragte er eine Genehmigung zur Errichtung von Ziegelbrennöfen am anderen Regenufer in der Gemeinde Steinweg, im Bereich des heutigen Geiersbergwegs. 1895 begann die Produktion, die schrittweise ausgeweitet wurde. Die Fa. Strobel stellte neben den herkömmlichen Gittersteinen und Vollziegeln auch so genannte Biberschwänze, einen in der Region häufig verwendeten Dachziegel, her. Der Ton kam per Feldbahn aus der nahegelegenen Grube. Mitte der 1970er Jahre kam es zur Schließung der Ziegelei.

1958

Ein Bauträger aus der Oberpfalz erwarb das Areal der früheren Ziegelei und realisierte zusammen mit dem Münchner Architekturbüro Fink und Jocher ein Wohnquartier mit 58 Wohnungen. Das im Rahmen des experimentellen und kostenbewussten Wohnungsbaus durchgeführte Projekt wurde 1998 fertiggestellt und erhielt in der Fachwelt große Anerkennung.

NORDÖSTLICHER SEKTOR

Sallern – Gallingkofen, Konradsiedlung – Wutzlhofen, Brandlberg – Keilberg, Reinhausen, Weichs und Schwabelweis

REINHAUSEN UND HOLZGARTENSTRASSE

Die 1936 entstandene Aufnahme zeigt den Blick entlang dem Donau- bzw. Regenufer auf das im Hintergrund liegende Reinhausen. In der Bildmitte verläuft die nach Weichs führende Holzgartenstraße. Sie ist gesäumt von den Anwesen haupt- und nebenberuflicher Gärtner, die den Regensburger Markt nicht zuletzt mit dem vielgerühmten Weichser Radi versorgen. Um die 1924 nach Regensburg eingemeindeten Ortsteile Reinhausen und Weichs besser an die Innenstadt anzubinden, wurde noch im selben Jahr eine Pontonbrücke zum Unteren Wöhrd errichtet. Sie ist unten links zu sehen, während im Hintergrund ein Teil der erstmals 1194 erwähnten und seither mehrmals wieder aufgebauten Regenbrücke zu erkennen ist. Nordöstlich der Reinhausener Pfarrkirche sind die Ende der Zwanzigerjahre erbauten Mietshäuser der Arbersiedlung zu erkennen.

Um das alte Reinhausen hat eine intensive bauliche Verdichtung stattgefunden. Diese ist nach wie vor nicht zum Stillstand gekommen, wie die Erschließungsmaßnahmen für die Wohnanlage „An den Holzgärten“ unten rechts zeigen. Nördlich der Holzgartenstraße ist mit der Frankenstraße und Frankenbrücke bereits 1938 eine neue, jedoch lange nahezu unbebaute Verkehrsachse entstanden. An ihr wurde 1954 ein Fernfahrerheim errichtet, das sich binnen weniger Jahre durch sukzessive Erweiterungen zum Avia-Hotel, einem der ersten modernen Hotels Regensburgs, entwickelte. Im Areal zwischen Reinhausener Pfarrkirche und Arbersiedlung sind die Bauten der weltweit tätigen Maschinenfabrik Reinhausen entstanden.

2007

N

REINHAUSEN,
PFARRKIRCHE ST. JOSEF

Im Zentrum der 1958 entstandenen Aufnahme steht die 1906-08 nach Plänen von Heinrich Hauberrisser errichtete Reinhausener Pfarrkirche St. Josef. Zusammen mit dem im Anschluss daran an der Wieshuberstraße erbauten Pfarrhof bildet sie ein reizvolles neubarockes Ensemble in einem architektonisch ansonsten sehr heterogenen Umfeld. So liegen gleich hinter der Kirche der bereits 1959 stillgelegte Bahnhof der Walhallabahn und, diesem gegenüber, das stattliche neubarocke Wohnhaus Donaustaufer Straße 30 mit der Gaststätte „Zur Walhalla". Etwas weiter östlich schiebt sich das 1957 erbaute zehngeschossige Seniorenwohnheim der Arbeiterwohlfahrt Niederbayern-Oberpfalz wie ein Fanal moderner städtischer Architektur in das noch unbebaute Gelände vor.

1958

Das Bild wird diagonal von der geradlinigen Asphaltschneise der in den Sechzigerjahren vierspurig ausgebauten Donaustaufer- bzw. Brennesstraße durchschnitten. Viele Häuser haben damals ihre ästhetisch so wertvollen Vorgärten verloren. Westlich der Kirche ist entlang der Wieshuberstraße in den Siebziger- und Achtzigerjahren eine geschlossene Wohnbebauung entstanden. Die jüngste Veränderung bildet das 2005/06 nach Plänen von Martin Köstlbacher errichtete Pfarrheim, das – wie schon sein Vorgängerbau von 1933 – den Bereich zwischen Kirche und Pfarrhof als Platz definiert.

2007

HOLZHANDLUNG TREINDL, AN DER REGENMÜNDUNG

Reinhausen wird schon 1007 als Reginhusen erwähnt. An der Mündung des Regens in die Donau gelegen, dürfte die Flößerei Reinhausen eine ebenfalls rund 1.000-jährige Tradition und Bedeutung besitzen, wenngleich urkundlich das Flößen und Triften erst im 14. Jahrhundert erwähnt wird. Große Mengen von Brenn- und Bauholz kamen so auf dem Wasserweg aus dem Bayerischen Wald den Regen herab, wurden dort zwischengelagert und weiter verhandelt. Am Regenufer entstanden so genannte Holzhöfe bzw. Holzgärten, wo das Holz sortiert und später auch zu Brettern oder Bauholz weiterverarbeitet wurde.

Auf dem Luftbild von 1958 ist der „Holzgarten" des Sägewerks Treindl zu sehen, zusammen mit den weitläufigen Lagerflächen direkt am Regenufer. Wenngleich das dort gelagerte Holz seit 1925 nicht mehr per Floß den Regen herabkam, sondern mit dem LKW antransportiert wurde, dokumentiert das Bild die seit dem 19. Jahrhundert bedeutungsvolle Weiterverarbeitung des Holzes in den Sägewerken. Aber nicht nur nach Reinhausen wurde Holz geflößt und weiterverarbeitet. Wie am oberen Bildrand erkennbar, hatten auch in Stadtamhof Holzhändler und Sägewerke ihr Auskommen. Im Bereich des Grieser Spitzes war bis in die 1960er Jahre hinein noch das Sägewerk Krön aktiv.

2007

Im Bereich der Regenmündung fanden in den letzten Jahrzehnten gravierende Veränderungen statt. Die Kanalisierung der Donau und der Bau der Schleuse in Stadtamhof erforderten die Ausbildung eines neuen Flussprofils. Die Regenmündung wurde weiter nach Norden verschoben, die früheren Holzgärten zurückgebaut. Die Fa. Treindl ist immer noch im Holzgeschäft tätig. Auf dem Gelände der Fa. Krön im Bereich des Grieser Spitzes entstanden Wohnhäuser.

REINHAUSEN, REGENBRÜCKE

Die „alte" Regenbrücke wurde 1194 erstmals urkundlich erwähnt. 1472 erhielt die zunächst hölzerne Konstruktion Pfeiler aus Stein.

Die Brücke wurde mehrfach zerstört, so 1784 und 1809. Das Bilddokument aus dem Jahre 1958 zeigt den Steinweger und Reinhausener Brückenkopf am westlichen bzw. östlichen Regenufer. Fast schon pittoresk mutet die Uferszene am gegenüberliegenden Steinweg zwischen dem Biergarten des Auerbräu und der Bäckergasse an.

1958

1971 entstand die neue Regenbrücke zusammen mit einer vierspurigen Regenuferparallele am Steinweger Ufer, die nach Norden weitergeführt werden sollte. Der Brückenbau selbst erhielt gleich sechs Fahrspuren, um nach dem Willen der Planer den wachsenden Individualverkehr bewältigen zu können. Trotz der überdimensionierten Breite der Brücke fand sich für die barocke Statue des hl. Johannes von Nepomuk kein Platz. Der Brückenheilige zog sich ans Reinhausener Ufer zurück. Hinter hohen Dämmen verstauten die Techniker auch den Regenfluss, der in vergangener Zeit immer wieder die Reinhausener und Steinweger mit seinen braunen Hochwasserfluten heimsuchte. Der Preis für diesen Schutz war hoch: Die Urbanität der früher selbstständigen und prosperierenden Gemeinden an der Mündung des Regen in die Donau ging unwiederbringlich verloren.

GALLINGKOFEN

1470 erwarb Rudolf Alberger, der Herr der Hofmark Sallern, das direkt am Regenufer gelegene Dorf Gallingkofen. Seitdem bilden beide ein Straßendorf, welches sich auf einem schmalen Streifen zwischen dem Sallerner Berg und dem Regenufer auf einer Länge von einem Kilometer entwickelt hat. Durch das Dorf führt seither der wichtige Verkehrsweg nach Amberg.
Die wirtschaftliche Grundlage der einstigen Hofmark bildete seit dem 15. Jahrhundert der Weinbau und später, nach dessen Niedergang, das Braugewerbe.
Die Steinbrüche im Bereich des Westhangs des Sallerner Berges lieferten bereits seit dem 17. Jahrhundert Material für viele Bauvorhaben in der Freien Reichsstadt. 1924 kam Sallern mit Gallingkofen zu Regensburg.
Einen Bezugspunkt in Gallingkofen bildeten im 20. Jahrhundert die vis-à-vis der Abzweigung in die Chamer Straße gelegene Gaststätte mit Gastgarten und der Baustoffhandel der Fa. Hochmuth.

1958

Während Gallingkofen 1958 gleichsam beschaulich am Regenufer liegt, ist 50 Jahre später der Ort – der fortschreitenden Motorisierung geschuldet – von Verkehrswegen umgeben. In den 1970er Jahren entstanden der so genannte Lappersdorfer Kreisel und das auf dem Bild sichtbare Teilstück der Autobahn. Auch in der Amberger Straße nahm seither die Verkehrsbelastung zu. Die Lösung der Verkehrsprobleme ist daher noch immer auf der Tagesordnung.

WASSERWERK IN SALLERN

Das letzte Drittel des 19. Jahrhunderts steht in Regensburg ganz im Zeichen von großen Leistungen der Daseinsvorsorge für die Bürger. Neben dem Bau von Kanälen und der Versorgung der Stadt mit Strom und Gas hatte vor allem die Versorgung mit sauberem Trinkwasser Priorität. In der Amtszeit von Bürgermeister Oskar von Stobäus entstand auf der Gemarkung von Sallern im Jahre 1874 ein modernes Wasserwerk mit Quellfassungen, Pumpenhaus, Maschinenhaus und den notwendigen Leitungen. Bereits im Jahre 1875 konnte die Belieferung von Haushalten und 40 öffentlichen Brunnen erfolgen.

Im Jahre 1958, zum Zeitpunkt der Luftaufnahme, präsentiert sich das Sallerner Wasserwerk nahezu unverändert in seinem bauzeitlichen Zustand.

Fünfzig Jahre später hat sich der Ort dank des Bauverbots, welches in einem Wassergewinnungsgebiet besteht, nur wenig verändert. Lediglich der vom Regen abzweigende Mühlkanal zum Wasserwerk wurde verfüllt, da die Wasserkraft nicht mehr benötigt wurde. Heute sind die wesentlichen Funktionsgebäude des Wasserwerks in der Denkmalliste der Stadt Regensburg vermerkt. Im Maschinenhaus ist ein kleines Museum zur Wasserversorgung Regensburgs eingerichtet.

N

FRANKENSTRASSE, AVIA GROSSTANKSTELLE UND FERNFAHRERHEIM

Ganz der individuellen Mobilität mit eigenem Pkw und dem Gütertransport auf der Straße verpflichtet, errichtete die Fa. A.F. Bauer & Co. KG (AVIA) 1952 an der damaligen Böhmerwaldstraße, heute Frankenstraße, zunächst eine Tankstelle. Die von Günther Schwecke bereits 1934 an der Margaretenstraße gegründete Firma operierte ab den 1950er Jahren unter dem Dach der AVIA, dem internationalen Zusammenschluss von mittelständischen Mineralölhändlern. 1955, also drei Jahre später, wurde die Tankstelle zur Großtankstelle mit Servicebereich erweitert. Auf der anderen Straßenseite entstand nach den Plänen des Regensburger Architekten Wenz ein „Fernfahrerheim mit Raststätte" in „großstädtischer Manier", wie die „Regensburger Woche" ihren Lesern vermeldete. Das Luftbild dokumentiert anschaulich die Anfänge eines Verkehrsträgers, dessen Siegeszug im letzten halben Jahrhundert jedoch nicht nur segensreich war.

1958

Auch nach 50 Jahren kann festgestellt werden: Die Standortentscheidung aus den Fünfzigerjahren war strategisch betrachtet richtig. Aus dem Fernfahrerheim ist längst ein veritables Hotel geworden. Die Tankstelle wurde seither ständig modernisiert und erweitert und den Bedürfnissen der heutigen Kraftfahrer angepasst. Aber auch im Umfeld der beiden Einrichtungen hat sich in den vergangenen Jahrzehnten Wesentliches verändert. Gewerbebetriebe und Wohnungsbauten sind entstanden. Am oberen Bildrand sind die Anfang der 1960er Jahre errichteten Milchwerke Regensburg zu sehen, südwestlich davon das Werner-von-Siemens-Gymnasium sowie das Altenwohnheim der Arbeiterwohlfahrt.

SALLERNER BERG

Wie auch beim Luftbild der Konradsiedlung (vgl. S. 160) dargestellt, sollte nach einem großen städtebaulichen Gesamtkonzept aus dem Jahre 1941 das Gebiet westlich der Bahnlinie Regensburg-Weiden bis hin zum Regen im Westen und nach Norden hin bis zur Chamer Straße bebaut werden und damit eine neue „Stadt im Grünen" mit über 20.000 Einwohnern entstehen.

Nach 1945 wurden diese Pläne nicht weiterverfolgt. Nach völlig neuen städtebaulichen und architektonischen Vorstellungen begann im Jahre 1970 der Bau von Bungalows und Einfamilienhäusern am Sallerner Berg oberhalb der Nordgau- bzw. Amberger Straße. Wie das Luftbild von 1970 zeigt, entstehen daraufgerade an der Riesengebirgstraße die Wohnhäuser mit den Hausnummern 69-77. Am Sallerner Berg konnten erstmals in größerem Umfang private Bauherren ein Eigenheim realisieren.

1970

Der Sallerner Berg ist heute ein bevorzugtes Wohngebiet, von dem aus der Blick nach Süden bis zum Dom und der Altstadt reicht. Die Bungalows mit ihren flachen Dächern können die Zeit ihrer Entstehung nicht leugnen. Das geplante Grün trägt zur Auflockerung der dicht gestaffelten Hausgruppen bei. Nach Nordwesten geht der Blick hinüber zu einem Schwerpunkt des sozialen Wohnungsbaus in Regensburg: Insbesondere in den 1960er Jahren entstand im Umfeld der Berliner Straße sozialgebundener Wohnraum. Auf dem Luftbild ist ferner gut zu sehen, wie der Vorwald des Bayerischen Waldes mit seinen Höhenzügen an die Stadtgrenze heranreicht.

2007

ISARSTRASSE/NORDGAUSTRASSE

Während im Regensburger Stadtnorden der Flachlberg, der Reiche Winkel und die Fluren des ehemaligen Gutes Harthof schon während der 1930er Jahre bebaut wurden, prägten in der sich nach Süden bis zur Donau erstreckenden Ebene noch Landwirtschaft und Gartenbau das Bild. Erst Ende der 1950er Jahre setzte hier eine rege Bautätigkeit ein. Baugenossenschaften errichteten an der Iller- und Isarstraße moderne Wohnblocks für öffentlich Bedienstete. Große Aufmerksamkeit erregte der Bau des ersten Regensburger Hochhauses (Isarstraße 6/8). Auf Initiative der Baufirma Aukofer entstand 1958/59 nach den Plänen des Münchner Architekten Edelmann ein 44 m hoher, 13-stöckiger Block mit 100 Wohnungen. Dem Vorhaben vorausgegangen waren eingehende planerische Voruntersuchungen, ob sich das Hochhaus auch städtebaulich einfügt. Die Tagespresse feierte damals das Vorhaben als zukunftsweisend und sah es als Beleg für den Anschluss Regensburgs an die Moderne an.

1961

Durch weiteren Wohnungsbau ist seit den Fünfzigerjahren ein eigener heterogener Stadtteil entstanden. Auch Einrichtungen für den Einzelhandel prägen heute das Gebiet. Am rechten Bildrand ist das Alex-Center zu erkennen, das – erst in den frühen 1970er Jahren errichtet und 2005 abgebrochen – seiner zweiten Fertigstellung im Jahre 2007 entgegengeht.

KONRADSIEDLUNG, EHEMALS SCHOTTENHEIMSIEDLUNG

Ab 1933 errichtete die Stadt Regensburg im Stadtnorden auf den Fluren des ehemaligen landwirtschaftlichen Guts Harthof sowie am Flachlberg eine weitläufige Wohnsiedlung. Ein erster Bauabschnitt umfasste bis 1938 eine Fläche, die im Westen von der späteren Sandgasse, im Süden von der Brandlberger Straße und im Osten von der Bahnlinie Regensburg-Weiden begrenzt wurde. Der Siedlungsbau selbst war Teil einer kommunalen, aber auch nationalsozialistisch geprägten Stadtentwicklung, mit dem Ziel, der bestehenden Wohnungsnot abzuhelfen, jedoch andererseits die Siedler ideologisch an die Staatsform zu binden. Das 1938 entstandene Bilddokument lässt am oberen Bildrand den Siedlungsteil Harthof deutlich erkennen mit dem zentralen Bereich Danziger Freiheit und dem Abschluss im Norden durch die Konradschule, damals Hans-Schemm-Schule. Auf dem Flachlberg selbst bestehen bereits die Geschosswohnungsbauten, die sich forumsartig nach Südosten öffnen. Davor, noch im Bau befindlich, ist die Gaststätte Flachlberg erkennbar.

1936

Obwohl in den 1950er und 60er Jahren viel in der Konradsiedlung gebaut wurde, ist das städtebauliche Grundmuster mit der Stellung der Gebäude und der Führung der Erschließungsstraßen noch deutlich erkennbar. Nach 1945 wurde die ehemalige Siedlung Schottenheim (benannt nach dem damaligen Oberbürgermeister Otto Schottenheim, NSDAP) in Konradsiedlung umbenannt. Ab 1938 hatte die Siedlung nach Westen hin eine Erweiterung in dem Bereich Reicher Winkel erfahren. Ein Bebauungsplan des Stadtbauamtes vom Jahre 1941 sah sogar die Weiterführung der Siedlung nach Westen bis zu den Osthängen des Regentales vor.

QUARTIER ÖSTLICH DES WEICHSER WEGS UND SÜDLICH DER DONAUSTAUFER STRASSE

1958 erstreckte sich östlich des Weichser Wegs eine lockere Wohnbebauung mit großen Grundstücken, auf denen intensiver Gartenbau betrieben wurde. Weiter nach Süden hin breitet sich das Donauvorland aus, ein Bereich der regelmäßig bei Hochwässern überschwemmt wurde. An der Donaustaufer Straße, die im Vordergrund des Bildes mit ihren Alleebäumen und der straßenbegleitenden Walhallabahn erkennbar ist, haben sich bereits verschiedene Gewerbebetriebe angesiedelt.

1958

50 Jahre später fällt auf Anhieb die Orientierung schwer. Während im Ostteil von Weichs in Donaunähe weitere Wohnhäuser auf den früheren Gartengrundstücken entstanden, hat die Stadtbau GmbH östlich davon an der Vilsstraße bzw. dem Schwabelweiser Weg auf einer Fläche von rund 2,4 ha 212 öffentlich geförderte Wohnungen errichtet. Eine völlig neue Stadtstruktur entwickelte sich zwischen der Innstraße und der Donaustaufer Straße. Hier, südlich bzw. nördlich der Walhalla Allee, entstanden in den letzten Jahrzehnten eine Reihe von Fach- und Verbrauchermärkten.

200X

WEICHSER SCHLOSS MIT BRÄUHAUS

Das ehemalige Weichser Schloss, eine spätgotische Vierflügelanlage mit Überformungen der Renaissance, prägt, auf einem Hügel im Donauschwemmland situiert, die Szenerie. Im Vorfeld des Schlosses nach Süden ist ein langgestreckter Baukörper zu erkennen, in dem aufgrund eines Privilegs des Landesherrn weißes Bier gebraut wurde. Der Chronist Karl Sebastian Hosang berichtet im 19. Jahrhundert, dass im Weißen Brauhaus in Weichs „das beste Weizenbier erzeugt wurde".
Die Brautätigkeit endete zu Beginn des 20. Jahrhunderts. Das Fotodokument von 1958 zeigt die bis Ende der 1960er Jahre bestehende Gaststätte Zach-Bräu mit dem östlich anschließenden Biergarten.

1958

2007

Der früher von Gartenbau geprägte Ortsteil Weichs, der für seinen Rettich berühmt war, hat sich zu einer städtischen Siedlung entwickelt. Das Weichser Schloss ist von Einfamilien- bzw. Reihenhäusern umgeben, und auch das Weiße Brauhaus musste einer modernen Reihenhausstange mit Flachdach weichen. Nördlich anschließend hat sich ab 1967 das Donaueinkaufszentrum etabliert.

DONAUSTAUFER STRASSE, EISENWERK MITTERER

Das Eisenwerk Mitterer wurde bereits 1868 gegründet. Der Spezialbetrieb im Stahlbau fertigte früher eiserne Brücken, Dachkonstruktionen, Wellblechbauten und Fachwerkträger sowie seit dem Beginn des 20. Jahrhunderts Eisengittermasten für Freileitungen. In den 1950er Jahren entstand an der Donaustaufer Straße der im Bild dokumentierte moderne Produktionsbetrieb mit dem zentralen Hallenbau. Ein eigener Gleisanschluss versetzte das Unternehmen in die Lage, die Produkte per Bahn zu seinen Abnehmern in der Schweiz und in Italien zu versenden.

1958

Im Jahre 1980 übernahm Pfleiderer Europoles die Mastenherstellung und das Know-how der Fa. Eisenwerk Mitterer. Dieses weltweit operierende Unternehmen mit dem Stammsitz in Neumarkt (OPf.) erweiterte den Betrieb nach Norden. Östlich der Lechstraße entstand ebenfalls seit 1980 der Gewerbepark, in dem sich seitdem rund 300 Firmen auf 155.000 m² Fläche angesiedelt haben.

FIRMENGELÄNDE DER KARL RICHTBERG KG, DONAUSTAUFER STRASSE

Um 1900 gründete die Fa. Gebrüder Himmelsbach, Freiburg-Baden, im Winkel zwischen der Bahnlinie Regensburg-Weiden und der Donaustaufer Straße auf einem zur Gemarkung Schwabelweis gehörenden Gelände einen Betrieb für Holzimprägnierung, Holzhandel und Holzverwertung. Ausschlaggebend für die Ansiedlung waren die Nähe zu den reichen Holzvorkommen im Bayerischen Wald und die Bahnlinie. 1927/28 übernahm ein Konsortium aus Dresdner Bank, Karl Richtberg und Vohwinkel das Werk, welches unter dem Namen Impreva AG weiterproduzierte. Ab 1934 führte die Karl Richtberg KG, Berlin-Charlottenburg, die sich vor allem auf die Herstellung von Telegrafenmasten und Eisenbahnschwellen spezialisiert hatte, den Betrieb alleine weiter. Um diese Holzprodukte haltbarer zu machen, wurden auf dem Gelände jahrzehntelang Imprägniermittel verwendet, insbesondere Quecksilbersublimat und Teeröl. Am 30. Juni 1980 schloss das Werk Regensburg.

1961

1981 ging die Richtberg Grundstücksverwaltung daran, das Gelände für eine Nachfolgenutzung vorzubereiten und zu entwickeln. Die Stadt Regensburg entwarf im selben Jahr einen Bebauungsplan, in dem die Rahmenbedingungen zur Errichtung eines Gewerbeparks fixiert wurden. Ab 1982 setzte die Gewerbepark GmbH diesen Bebauungsplan schrittweise um, wobei die Frage der Altlastenbeseitigung eine besonders große Rolle spielte. Der Gewerbepark Regensburg hat sich in den letzten Jahrzehnten als frequentierter Standort für Einzelhandel, Produktion und Dienstleistung profiliert. Nach Managementangaben sind zur Zeit 300 Firmen am Standort vertreten. 15.000 Besucher und Kunden suchen täglich den Gewerbepark auf.

BAHNHOF WALHALLASTRASSE UND BAHNHOF DER WALHALLABAHN

Die Bahnanlagen der Bayerischen Staatsbahn, später Reichsbahn/Deutsche Bundesbahn, und die Anlagen der lokalen Walhallabahn hatten in der ersten Hälfte des 20. Jahrhunderts für den Güterverkehr im Stadtnorden eine herausragende Bedeutung. 1903 war der Verschiebe- und Umladebahnhof „Walhallastraße Lokal-Bahnhof" neben dem Kalkwerk Funk (Bildmitte rechts) betriebsbereit. Aufgrund der unterschiedlichen Spurweiten von Staatsbahn und Lokalbahn musste die Ware umgeladen werden, oder man setzte die Normalspurwaggons auf Rollböcke, um sie auf der Lokalbahnstrecke weiter zu befördern. Auf dem Luftbild von 1958 ist am linken Bildrand das Firmengelände der Richtberg KG zu sehen, darüber die Harthofsiedlung als Teil der Konradsiedlung. In der Bildmitte verläuft die Bahnstrecke Regensburg-Weiden. Der Personenbahnhof Regensburg-Walhallastraße ist ebenfalls gut zu erkennen. Östlich der Bahnlinie ist im oberen Bildbereich das Kalkwerk André Büechl (Kalk- und Portlandzementwerk) zu erkennen, während sich südlich davon das Kalkwerk Steine und Erden sowie der Bahnhof der Walhallabahn anschließen.

1958

Fünfzig Jahre später ist von der weitläufigen Bahninfrastruktur nur noch wenig zu sehen. Die Walhallabahn hat schon 1968 ihren Betrieb eingestellt. Die Industriebetriebe an der Donaustaufer Straße sind mittlerweile nicht mehr an das Bahnnetz angeschlossen. Westlich der Bahnlinie Regensburg-Weiden hat sich im Bereich „An der Schergenbreite" ein kleines, im Süden durch die Walhalla Allee begrenztes Wohngebiet entwickelt, während sich nördlich der Donaustaufer Straße der Gewerbepark etabliert hat.

2007

KALKWERK FUNK, DONAUSTAUFER STRASSE

Etwa 200 m östlich der Bahnlinie Regensburg-Hof zieht sich am linken Donauufer bis zur Talschlucht bei Tegernheim ein Höhenzug entlang, der Kalkstein enthält. Das dort anstehende Material ist sehr hochprozentig und erreicht in den meisten Lagen eine Konzentration von 98 bis 99 %. Diese geologischen Voraussetzungen führten dazu, dass bereits 1871 David Funk am Fuße des Keilbergs ein Kalkwerk gründete. 1877 folgte eine weitere Werksgründung durch J. Micheler, und zwanzig Jahre später eröffnete sein Kalkwerk.

Auf dem Bilddokument von 1968 ist im Vordergrund die Direktionsvilla der Kalkfirma Funk zu sehen, die in Neurenaissanceformen im Jahre 1893 von Theodor Sonntag errichtet wurde. Am linken Bildrand ist der Abbaustand Ende der Sechzigerjahre dokumentiert, wobei die Abraumdeponien bereits eine neue Geländemodellierung erkennen lassen.

1968

Die aktuelle Aufnahme aus dem Jahre 2007 zeigt, dass das Unternehmen eine kontinuierliche Modernisierung bzw. einen weiteren Ausbau der Kalkproduktion erfahren hat. Heute firmiert der Betrieb unter Walhalla-Kalk Entwicklungs- und Vertriebs-GmbH. Neue Produkte für den Verkehrswegebau, die Geotechnik und den Umweltschutz kamen hinzu. 1999 erwarb die Heidelberger Zement AG den Kalkbereich der Fa. Büechl und übertrug ihn auf das Tochterunternehmen Kalkwerk D. Funk.
Unschwer lassen sich auf dem aktuellen Luftbild die nicht reversiblen Eingriffe in die Natur durch den Kalkabbau ablesen. Daher hat sich das Unternehmen mit der Stadt Regensburg verständigt, den Kalkabbau zu steuern und langfristig zu beenden.

2007

KALKWERKE MIT KALKHAFEN

Die Aufnahme aus dem Jahr 1958 zeigt anschaulich die Weitläufigkeit des Kalkabbaus zwischen der Donaustaufer Straße und dem Keilberg. Am rechten Bildrand ist am Nordufer der Donau ein kleines Hafenbecken erkennbar nebst geschütteter Dämme und einer Verladebrücke, auf denen eine Kleinbahn Kalk zu den Donauschiffen bringen sollte. Der Hafen entstand in den Jahren 1943/44 im Auftrag der Reichswerke AG für Erzbergbau und Eisenhütten „Hermann Göring". Die Reichswerke hatten 1938 den Betrieb der Erbengemeinschaft Fa. David Funk „arisiert" und in den Rüstungskonzern integriert. Der Kalk aus Regensburg sollte zur 1938 gegründeten Hütte Linz der Reichswerke geliefert werden und bei der Stahlproduktion Verwendung finden. Kriegsbedingt wurden die Anlagen in Regensburg nicht fertiggestellt. Das Hafenbecken diente in der Folge alten Dampfschiffen als letztes Quartier. Im Zuge der Bauarbeiten für den Kanalsammler Nord wurde das Hafenbecken Ende der 1970er Jahre verfüllt.

Als eines der größten kommunalen Straßenbauprojekte Regensburgs gilt nach wie vor die ca. 5 km lange Osttangente, die in den Jahren von 1980-1988 ausgehend von der Kreuzung Nordgaustraße/Walhalla Allee bis zur Landshuter Straße realisiert wurde. Wesentliches Element dieser innerstädtischen Magistrale ist die Schwabelweiser Donaubrücke. Von 1979 bis 1981 entstand die Stabbogenbrücke mit einer Stützweite von 207 m zwischen den Strompfeilern. Der Scheitel der beiden Bögen liegt rund 31 m über der Fahrbahn. Das Brückenbauwerk kostete den Stadtsäckel die damals stolze Summe von 37 Mio. DM.

KEILBERG

Zwischen dem Wutzlhofener Trockental und der Donau im Süden befindet sich ein dem fränkischen Jura zugehöriger Bergstock, der sanft nach Westen abfällt. Der dort anstehende Kalkstein ist von höchster Qualität und wird seit rund 150 Jahren abgebaut (vgl. S. 172). Auf der Hochfläche hat sich seit dem frühen 19. Jahrhundert eine Streusiedlung entwickelt, in der Kalkbrenner, Steinbrucharbeiter und Maurer mit ihren Familien wohnten. Gleichwohl ist Keilberg bereits in der Jungsteinzeit besiedelt gewesen, wie entsprechende archäologische Befunde belegen.

Zusammen mit dem industriellen Kalkabbau wuchs auch Keilberg. 1890 zählte die Siedlung bereits 400 Einwohner. 1924 kam Keilberg, das zur Gemeinde Schwabelweis gehörte, zur Stadt Regensburg.

Das aus dem Jahre 1957 stammende Luftbild verdeutlicht anschaulich den Charakter einer Streusiedlung. Die 1930 geweihte Kirche St. Michael bildet zusammen mit dem Friedhof einen Bezugspunkt.

Die starke Nachfrage nach Bauland veranlasste die Stadt Regensburg, für Keilberg einen Bebauungsplan aufzustellen, der 1986 in Kraft trat. Damit sollte bauwilligen Bürgern die Möglichkeit eröffnet werden, in Keilberg zu bauen und andererseits dem Stadtteil einen städtebaulichen Rahmen zu geben. Von besonderer Bedeutung sind in Keilberg die Fragen der Erschließung. Das Luftbild aus dem Jahr 2007 zeigt die in den letzten zwanzig Jahren gemachten Fortschritte in Bezug auf den Straßenbau und die Ausweisung von Einzelhausquartieren. Trotz der verstärkten Bautätigkeit ist Keilberg nach wie vor ein Zentrum des Erdbeeranbaus, der um 1930 begann. Die Kirche von Keilberg markiert den höchsten Geländepunkt im Stadtbereich, der 471 m über dem Meeresspiegel liegt.

SCHWABELWEIS
Die erste urkundliche Erwähnung von Schwabelweis stammt aus dem Jahr 821. Abt Siegfried von Engelbrechtsmünster schenkte damals seine dortigen Besitzungen dem Kloster St. Emmeram. In der linken Bildhälfte ist die Kirche St. Georg zu sehen, deren heutiger Bau 1770-76 errichtet wurde.
Bei Entstehung der Aufnahme 1936 war noch die dörfliche Struktur zwischen der am oberen Bildrand erkennbaren Donaustaufer Straße und dem Nordufer der Donau ablesbar. Nach der Eingemeindung von Schwabelweis nach Regensburg im Jahre 1924 entstanden im Rahmen eines Wohnungsprogramms im Osten des Ortes Kleinsiedlerstellen. Eine Verbindung zu den Gewerbebetrieben auf der anderen Donauseite stellte damals noch eine Seilfähre her, die nahe der Kirche abfuhr.

1936

Nach 70 Jahren sind viele Äcker in Schwabelweis Wohnhäusern gewichen. Der Ort an der Donau hat ein besonderes Wohnumfeld und bietet Lebensqualität. Allenstädtebaulichen Planungen zum Trotz hat sich noch eine historische Wegebeziehung erhalten: Die Hochstiftstraße führt nach wie vor vom Ortskern diagonal nach Nordosten über die Weinbergstraße zum Fellinger Berg. In den späten 1990er Jahren wurde die Siedlungstätigkeit nördlich der Donaustaufer Straße forciert.

2007

SCHWABELWEIS

Das Luftbild von 1958 zeigt anschaulich die Lage von Schwabelweis direkt an der Donau. Die Hochfluten der Donau bedrängten seit jeher den Ort. Schon in früher Zeit – von 1763-1800 – bauten die Schwabelweiser ein „Wöhr", welches Schutz vor den Donaufluten gewährleisten sollte. Die Donau verschaffte den Bewohnern jedoch nicht nur Unbill, sondern auch Arbeit. Wie am oberen Bildrand erkennbar, boten die Anfang des 20. Jahrhunderts auf dem gegenüberliegenden Ufer angesiedelten Hafen- und Werftbetriebe auch Arbeitsplätze. Am rechten oberen Bildrand ist noch der Kalkhafen auf Schwabelweiser Seite erkennbar. Das Bild dokumentiert ferner auch drei wichtige Institutionen des öffentlichen Lebens einer Stadtrandgemeinde: die am Donauufer gelegene Kirche St. Georg, nordöstlich davon das Schulhaus an der Hochstiftstraße und die an der Donaustaufer Straße gelegene Gaststätte mit Landwirtschaft von Josef Niebauer.

1958

Schwabelweis hat sich in den vergangenen Jahrzehnten behutsam weiterentwickelt. Kirche und Schule bilden nach wie vor die Ortsmitte. Die damals noch freien Flächen wurden für den Wohnungsbau genutzt. Nördlich der Donaustaufer Straße beginnt nun eine neue Entwicklung: Familienheime werden künftig das Bild prägen. Zur Versorgung der Bevölkerung mit Gütern des täglichen Bedarfs entstand in den letzten Jahren ein kleines Einkaufszentrum.

2007

DONAUSTAUFER STRASSE,
CHEMISCHE FABRIK VON HEYDEN AG

1937 wurde die „Süddeutsche Holzverzuckerungswerke Aktiengesellschaft Regensburg" mit dem Ziel gegründet, das Deutsche Reich auf dem Gebiet eiweißhaltiger Futtermittel autark zu machen. Auf einem Gelände östlich von Schwabelweis sollten aus Holz bzw. Holzfaserstoffen die wichtigen Grundstoffe Industriealkohol bzw. Zucker erzeugt werden. Mitte 1941 begann die Produktion. Nach erheblichen Zerstörungen Ende des Zweiten Weltkriegs schloss der Betrieb 1945. Drei Jahre später pachtete das Hamburger Maizena-Werk die Anlagen, um aus Mais, der aus dem Donauraum importiert werden sollte, Stärkemehl zu produzieren. Als die Rohstoffimporte aus handelspolitischen Gründen nicht realisierbar waren, übernahm im November 1953 die Chemische Fabrik Von Heyden Aktiengesellschaft, München, ehemals Dresden-Radebeul, die Anlagen. Das Bild aus dem Jahr 1958 zeigt im Prinzip noch die Werksanlagen aus der Zeit der Süddeutschen Holzverzuckerungswerke.

1988 veräußerte die Chemische Fabrik Von Heyden den Betrieb an die Bristol-Meyers-Squibb GmbH. Fünf Jahre später übernahm die holländische DSM Andeno GmbH einen großen Teil der Anlagen zur Herstellung von Feinchemikalien. Bereits wenige Jahre später schloss Bristol-Meyers-Squibb GmbH den Betrieb in Regensburg, während die DSM Andeno GmbH noch weiter produziert.

Derzeit befindet sich das Werksgelände im Umbruch. Neue Firmen sollen in den bestehenden Büros, Lagern, Laboren und Fabrikationsräumen angesiedelt werden.

2007

GEWERBEGEBIET HASLBACH
1957 befand sich zwischen der Bahnlinie Regensburg-Weiden und der damaligen Böhmerwaldstraße auf dem Gebiet des Landkreises Regensburg ein Sägewerk. Westlich der Bahnlinie erstreckten sich die Felder des Guts Haslbach, dessen Ökonomiegebäude im mittigen Bildbereich noch deutlich zu sehen sind.

1957

1965 konnte die Stadt Regensburg das Gut Haslbach erwerben. Bereits in den frühen 1970er Jahren siedelten sich die ersten Gewerbe- und Industriebetriebe an. Auf einer Fläche von rund 700.000 m² befinden sich heute 100 Firmen mit etwa 3.000 Mitarbeitern. Weitere Ansiedlungsflächen stehen zur Verfügung. Das Gewerbegebiet Haslbach besitzt vor allem eine hervorragende Anbindung an überregionale Verkehrswege, insbesondere an die Bahn und an die Bundesstraße B 16.

SÜDÖSTLICHER SEKTOR

Ostenviertel, Kasernenviertel, Burgweinting – Harting und Stadtbezirk 12 (östlich der Galgenbergstraße)

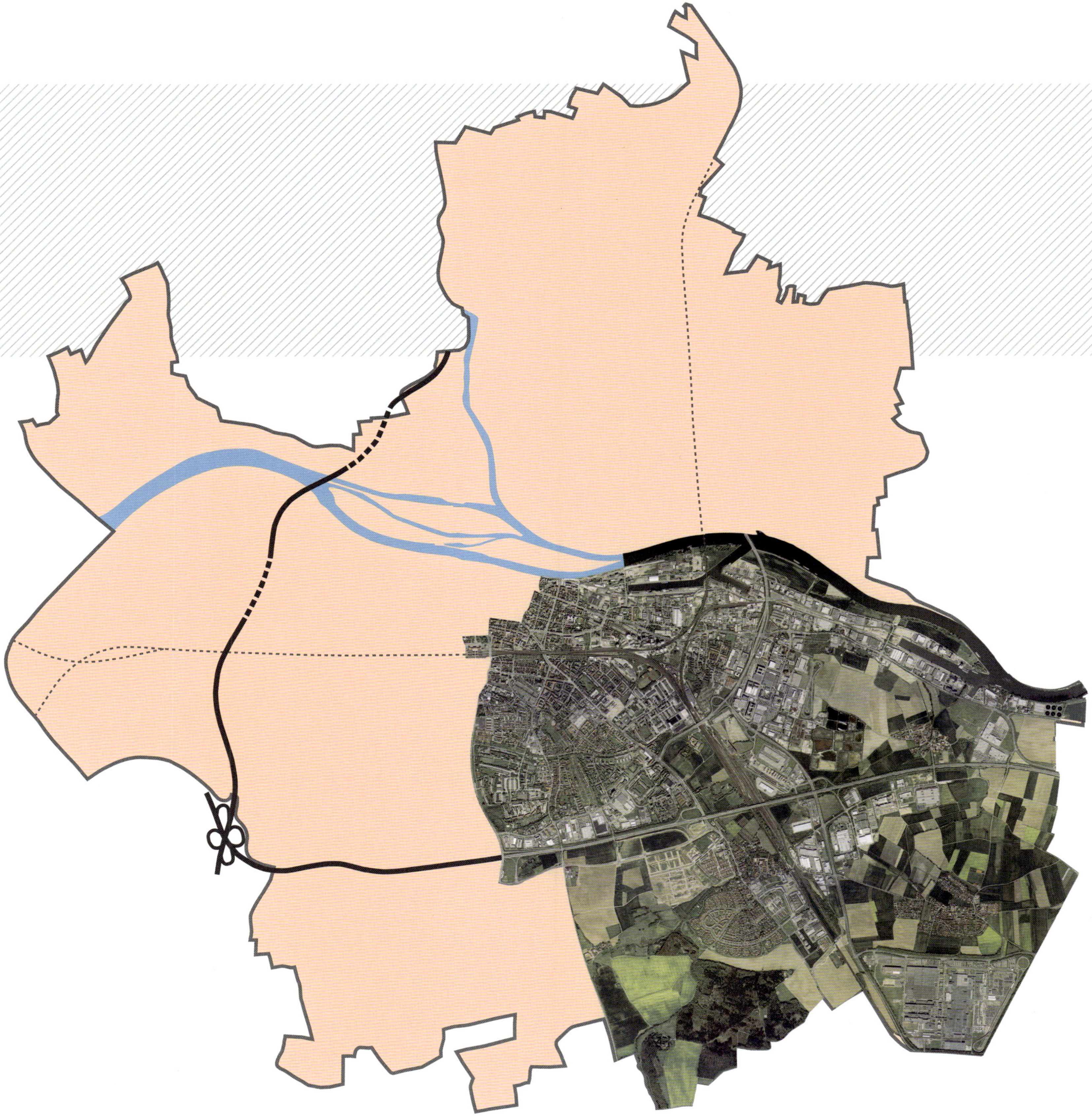

HAUPTBAHNHOF UND REGENSBURG ARCADEN

Das 1958 entstandene Foto zeigt den Regensburger Hauptbahnhof.

Die Kriegsschäden an dem 1888-92 errichteten Gebäude sind gerade einmal seit drei Jahren behoben. Mit den kräftig vortretenden Eckrisaliten korrespondieren östlich und westlich separate Flügelbauten, die den Bahnhofsvorplatz seitlich einfassen. Auch funktional sind diese von Bundesbahn und Bundespost genutzten Bauten dem Bahnhof zugeordnet.

Das Gelände südlich der Gleisanlagen ist lediglich östlich der Auffahrt zur Galgenbergbrücke mit einer seit der Gründerzeit gewachsenen Wohnbebauung versehen. Die von der VW-Niederlassung Hartl und vor allem von der Bundesbahn selbst genutzten Flächen westlich der Brückenrampe werden mit ihren Hallen und großen Freiflächen als städtebauliche Brache empfunden.

1958

Während das Bahnhofsgebäude selbst äußerlich nahezu unverändert geblieben ist, hat das bauliche Umfeld sein Gesicht gewandelt. So wurde durch den 1991 nach Plänen von Ackermann und Partner (München) ausgeführten 218 m langen Neubau des Postgebäudes Bahnhofstraße 16 dessen einst pendanthafter Bezug zum Haus Bahnhofstraße 20 aufgegeben. Südlich der Gleisanlagen entstanden nach einem Multiplex-Kino (1998) ab 2000 die so genannten Regensburg Arcaden. Die Galgenbergbrücke, 1994 im Zuge der Privatisierung der Bahn an die Stadt gefallen, wurde 2001-03 durch einen Neubau ersetzt.

2007

KREUZUNG GALGENBERGSTRASSE/ FURTMAYRSTRASSE

Das Luftbild von 1956 zeigt die Furtmayrstraße und deren Einmündung in die Galgenbergstraße. Südlich parallel zur Bahnlinie verläuft die Zollerstraße, an der private Bauherrn Ende des 19. Jahrhunderts Mietshäuser für gehobene Ansprüche errichtet hatten. Auch an der – 1893 bis zur Landshuter Straße verlängerten – Furtmayrstraße waren damals repräsentative Bauten entstanden. Nordöstlich der Kreuzung liegt der Betrieb der 1926 gegründeten Firma Reifen Sellmayr, die sich vor dem Hintergrund der allgemeinen Motorisierung auf den Handel mit Autoreifen und auf Vulkanisierung spezialisiert hatte. Nördlich davon erstreckt sich das Areal der Gärtnerei Trede.

Einer zukunftsorientierten Verkehrsplanung geschuldet, hat sich der Kreuzungsbereich an der Galgenbergbrücke insbesondere in den Jahren um die Jahrtausendwende verändert. Wohn-, Hotel- und Bürogebäude entstanden auf dem Areal der einstigen Gärtnerei. Die Galgenbergbrücke mit den Anschlussrampen wurde neu gebaut, und westlich davon etablierte sich ein Großkino. Erhalten geblieben ist jedoch die gründerzeitliche Wohnbebauung an der Zollerstraße und südlich der Furtmayrstraße.

WOHNUNGSBAU AN DER FURTMAYRSTRASSE UND HERMANN-GEIB-STRASSE

Die Wohnungsnot in den großen Städten war eines der drängenden sozialpolitischen Themen im Deutschland des 20. Jahrhunderts. Nach dem Ende des Ersten Weltkriegs schätzte der Deutsche Städtetag das Defizit an Wohnungen auf etwa 800.000. Erst ab 1924, nach der wirtschaftlichen Konsolidierung des Landes, war Wohnungsbau wieder in bescheidenem Umfang möglich. Private Investoren waren jedoch mangels entsprechender Rendite nicht in der Lage, sich im Wohnungsbau zu engagieren. Daher musste die öffentliche Hand als Bauherr einspringen, vor allem die Gemeinden und später die gemeinnützigen Wohnungsbauunternehmen und Genossenschaften. 1925/26 gab die Stadt Regensburg den Auftrag zur Errichtung der Geschosswohnungsbauten Furtmayrstraße 29, 31, 33, 35 und 37 und Hermann-Geib-Straße 7, 11 und 13. Letztere besaßen 1958, im Jahr der Aufnahme, noch ihre Vorgärten nach Westen.

Trotz großer Anstrengungen seitens der Stadt, der Baugenossenschaften und der Wohnbauvereine konnte die Wohnungsnot in den Zwanzigerjahren nicht behoben werden. 1936 und abermals 1950-53 folgten weitere Wohnungsbauten in dem Areal.

Wenngleich in Regensburg die Wohnungsnot nicht mehr wie nach dem Ende der beiden Weltkriege eine existenzielle Bedrohung für die Bürger darstellt, ist preiswerter Wohnraum nach wie vor gefragt. Die Geschosswohnungsbauten an der Furtmayrstraße und Hermann-Geib-Straße sind mittlerweile in die Jahre gekommen. Gleichwohl haben die Eigentümer gerade in jüngerer Vergangenheit große Anstrengungen unternommen, die Substanz zu erhalten und den Wohnraum an die heutigen Bedürfnisse anzupassen.

N

**BRAHMSSTRASSE/
CARL-MARIA-VON-WEBER-STRASSE**

1961 errichtete das Kollegiatstift Unsere Liebe Frau zur Alten Kapelle auf einem Grundstück nördlich der Nibelungenkaserne (heute Carl-Maria-von-Weber-Straße) eine Reihe von Geschossbauten mit 122 Wohnungen und 29 Reihenhäusern. Der auch mit öffentlichen Mitteln geschaffene Wohnraum diente damals in erster Linie zur Unterbringung von öffentlich Bediensteten bzw. Angehörigen der Bundeswehr. Das Investment war letztendlich aber erst durch den Einsatz eigener Mittel des Stifts möglich, die aus dem Verkauf von Liegenschaften stammten, die das tausendjährige Stift im weiteren Umfeld von Regensburg besitzt. Der umfangreiche Immobilienbesitz dient seit jeher zur wirtschaftlichen Absicherung des Stifts und damit auch der Alten Kapelle.

1962

Das 2007 erstellte Luftbild zeigt anschaulich, wie sich die städtebauliche Struktur und die Durchgrünung zu einem attraktiven Wohnumfeld verbunden haben. Um die Substanz und die Wohnqualität nachhaltig abzusichern, hat das Stift Häuser und Wohnungen in den letzten Jahren grundlegend saniert. Westlich der Wohnanlage errichtete in späteren Jahren die Evangelische Wohltätigkeitsstiftung ebenfalls Wohnbauten. Auch sie wurden zwischenzeitlich renoviert und auch unter energetischen Gesichtspunkten auf den neuesten technischen Stand gebracht.

UNTERISLINGER WEG UND NIBELUNGENKASERNE

Ende der 1950er Jahre hat sich – wie in der unteren Bildhälfte erkennbar – in ehemaligen landwirtschaftlichen Gebäuden ein Fuhr- und Speditionsunternehmen etabliert. In der oberen Bildhälfte sind die weitläufigen Anlagen der Nibelungenkaserne erkennbar. Von 1939 bis 1941 entstand diese Kasernenanlage nach einem damals innovativen städtebaulichen und funktionalen Konzept.

Deutlich sind auf dem Luftbild noch die Bombenschäden im Bereich der östlichen Flügelbauten erkennbar, die erst Ende der 1950er Jahre behoben wurden. Nach 1945 bezogen amerikanische Truppen die damals moderne Kaserne und tauften sie in „Fort Skelly" um. Ende 1964 räumten die US-Truppen die Kaserne und übergaben sie der deutschen Wehrbereichsverwaltung.

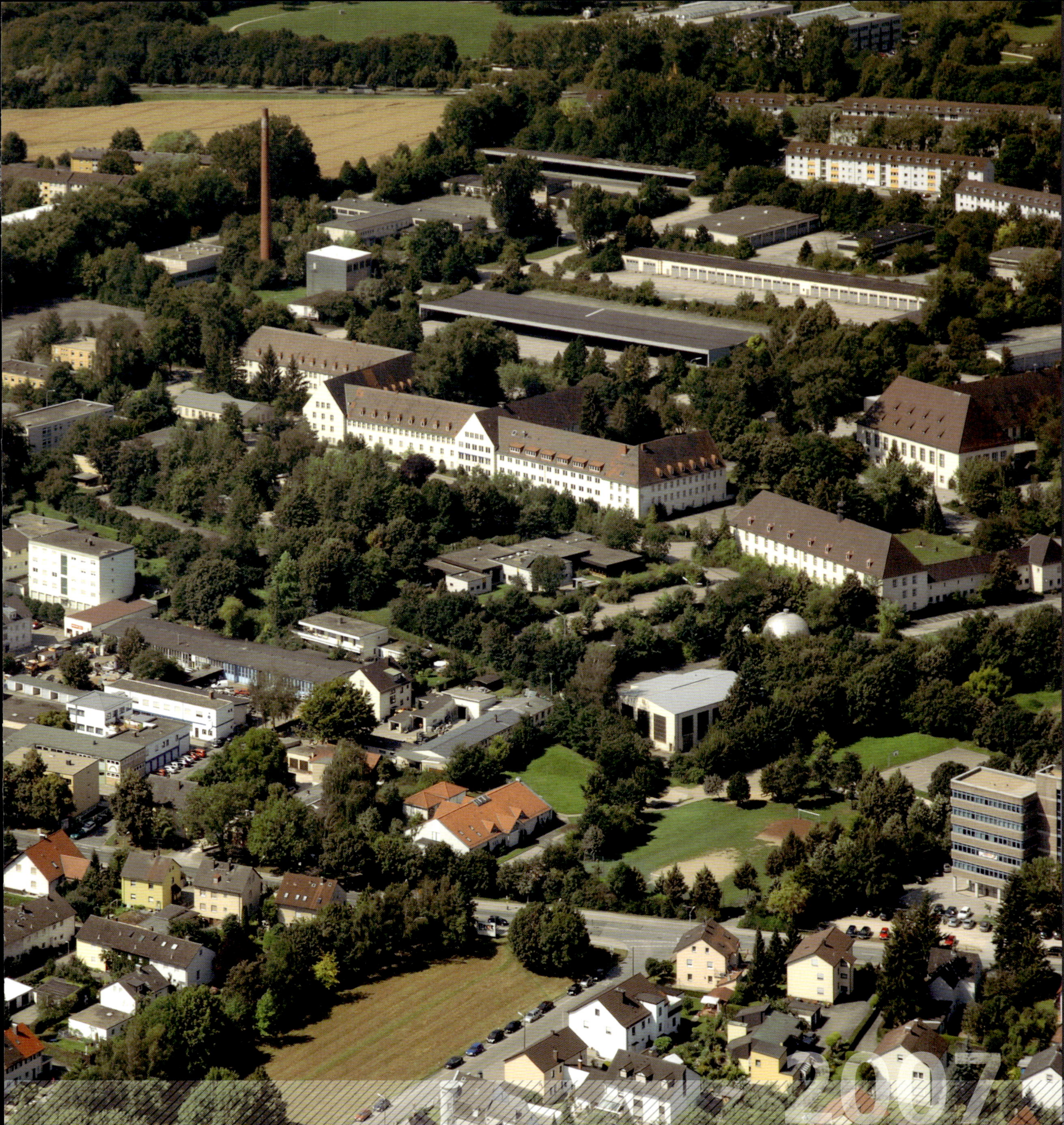

Beiderseits des Unterislinger Wegs entstanden in den letzten Jahrzehnten neben Wohnhäusern auch Gewerbebetriebe. Wesentlich weniger hat sich dafür auf dem Kasernengelände getan. Neben der Errichtung eines Offizierkasinos wurden lediglich ein Heizwerk und Gebäude für die Unterbringung der Militärfahrzeuge errichtet. Die Nibelungenkaserne, die in den letzten Jahrzehnten ein Flugabwehrregiment und ein Feldartilleriebataillon beherbergte, ist mittlerweile verwaist. Das Gelände steht für weitere Nutzungen zur Verfügung. Konkrete Planungen sind derzeit aber noch nicht bekannt.

2007

LANDSHUTER STRASSE MIT RAFFLER-KASERNE

1936 konnte die Nachrichtenabteilung 10 der Deutschen Wehrmacht die neu errichteten Kasernenbauten an der östlichen Landshuter Straße beziehen. Die in den Bauplänen noch als Nachrichtenkaserne bezeichnete Einrichtung erhielt 1938 ihren bis heute geläufigen Namen; sie wurde nach Ritter von Raffler benannt, der Angehöriger der königlich bayerischen Nachrichtentruppe und Militär-Max-Joseph-Ordensritter des Ersten Weltkrieges war. Ab 1945 hatte die US-Militärverwaltung dort ihre zentralen Einrichtungen für Regensburg stationiert. Im Bildvordergrund sind die an der Landshuter Straße in den frühen 50er Jahren errichteten Wohngebäude für die Angehörigen der US-amerikanischen Besatzungstruppen erkennbar.

1958

Die Ende der 1990er Jahre politisch verfügte Reduzierung der Truppenstärke der Bundeswehr zeigt ihre Konsequenzen bereits auf dem Luftbild von 2007. Auf dem Gelände der einstigen Raffler-Kaserne entstanden in der letzten Dekade im Bereich der Alemannenstraße Geschosswohnungsbauten im sozialen Wohnungsbau. Auf dem Kasernengelände selbst haben sich Einrichtungen des Freistaats Bayern (Polizei, Staatliches Bauamt usw.) angesiedelt. Parallel zur Landshuter Straße entstand ein neues Parkhaus. Am oberen Bildrand ist das Gewerbegebiet an der Bajuwarenstraße erkennbar mit seinen großen Fachmärkten, dem Omnibusdepot der Regensburger Verkehrsbetriebe und Verwaltungseinrichtungen der Deutschen Telekom.

2007

KASERNEN AN DER LANDSHUTER-STRASSE UND ZEISS-STRASSE
Mit der Wiederaufrüstung im Dritten Reich erlangte Regensburg als Garnisonsstadt eine besondere Bedeutung. Von 1935 bis 1938 entstanden beiderseits der Landshuter Straße weitläufige Kasernenanlagen. Auf dem Luftbild von 1958 sind im Vordergrund noch Teile der Pionierkaserne erkennbar. Östlich davon schließt sich die Artilleriekaserne (später Prinz-Leopold-Kaserne) an, die anders als die Pionierkaserne im Zweiten Weltkrieg kaum zerstört wurde. In der Nachkriegszeit waren in Teilen dieser Bauten Flüchtlinge und Vertriebene einquartiert. 1956, ein Jahr nach Gründung der Bundeswehr, wurde die Kaserne dem Bund zurückgegeben.

1958

Auf dem Luftbild von 2007 lassen sich die im Stile der 1930er Jahre errichteten gleichförmigen Kasernenbauten mit dem Walmdach und den engen Reihen von Dachgauben im Umfeld der Zeißstraße noch gut ablesen. Die Zukunft der Garnisonsstadt Regensburg ist jedoch nicht gesichert. 1989 verließen die letzten amerikanischen Truppen ihre Unterkünfte an der Zeißstraße. Knapp 20 Jahre später führen die weltpolitische Lage und die neue strategische Ausrichtung der Bundeswehr zu einer Konzentration an wenigen Standorten in Deutschland. Regensburg ist jedoch auf dieser Landkarte nicht mehr verzeichnet.

PÜRKELGUT

Die 1956 entstandene Aufnahme zeigt das Pürkelgut aus nördlicher Richtung. Vom 1848/49 erbauten Ökonomiehof führt eine Straße geradlinig auf den halbrund vorspringenden Mittelrisalit des barocken Schlosses zu. Dieses hatte sich der Regensburger Kaufmann Johann Jakob Pürkel 1728 von dem Linzer Baumeister Johann Michael Prunner als Wasserschloss errichten lassen. Ob als „Sanssouci der Reichstagsgesandten" (Schuegraf) oder als biedermeierliche Ausflugsgaststätte, war das seit 1844 im Besitz der Fürsten von Thurn und Taxis befindliche Pürkelgut lange Zeit ein Ort kultivierter Gastlichkeit. Dieser Glanz war bereits in den Fünfzigerjahren verblichen.

Das Pürkelgut ist zu einem Ort des Verfalls geworden. Die wuchernde Vegetation des einstigen Parks kaschiert den mittlerweile ruinösen Zustand des kleinen Schlosses. Dieses liegt wie ein verwunschener Ort zwischen modernen Verkehrswegen. Die im Hintergrund verlaufende äußere Landshuter Straße ist hier zum sechsspurigen Autobahnzubringer und, schon seit 1962, auch zum Gewerbestandort geworden. In diesem Jahr nämlich eröffnete die Regensburger Daimler-Benz-Niederlassung an der Abzweigung der – danach benannten – Benzstraße ihr Autohaus (vgl. S. 204).

2007

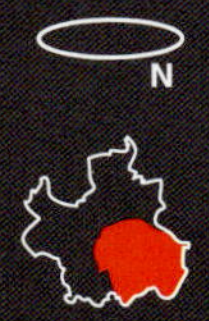

MERCEDES BENZ NIEDERLASSUNG REGENSBURG, LANDSHUTER STRASSE

Die Aktivitäten der Daimler AG, Niederlassung Regensburg, reichen bereits in das Jahr 1906 zurück. So wurden seitdem an verschiedenen Standorten im Altstadtbereich Automobile verkauft und gewartet. 1947 zog die Verkaufsstelle Regensburg in Räume an der Prinz-Ludwig-Straße und firmierte in der Folge als Niederlassung Regensburg der Daimler Benz AG. 1951 erwarb das Unternehmen ein Grundstück an der Landshuter Straße mit dem Ziel, ein modernes Kundenzentrum zu errichten. Am 19. Juli 1962 konnte die Eröffnung des neuen Betriebs am Rande des Kasernengeländes gefeiert werden.

1962

Die zunehmende Typenvielfalt bei Mercedes führte dazu, dass im Jahre 1977 ein ca. 2,2 ha großes Areal im Bereich der westlichen Benzstraße erworben wurde, mit der Absicht, einen repräsentativen Vertriebsbereich zu entwickeln. 1981 konnte das neue Haus an der Benzstraße 23 eröffnet werden. Verwaltung, Service und Ersatzteilverkauf verblieben jedoch im Bereich des Komplexes aus dem Jahre 1961 an der Landshuter Straße.

2007

OMNIBUSBETRIEBSHOF DER REGENSBURGER VERKEHRSBETRIEBE AN DER BAJUWARENSTRASSE

1964 fuhr die Straßenbahn letztmals durch Regensburg. Die Entscheidung, den öffentlichen Personennahverkehr auf Busse umzustellen, war jedoch schon vorher gefallen, so dass 1964 bereits ein modernes Busdepot mit Einstellhalle und technischem Servicebereich an der Schwabenstraße (heute Bajuwarenstraße) entstand. Das Foto zeigt diese großzügige Anlage im Jahr 1968.

1968

1971 und 1973 musste der Betriebshof erweitert werden, denn durch die Eingemeindungen im Zuge der Gebietsreform erfuhr das Netz der städtischen Buslinien eine wesentliche Erweiterung. Wie auf dem unteren Bildrand erkennbar, hat zwischenzeitlich auch eine Garnitur der ehemaligen Regensburger Straßenbahn auf dem Gelände einen Ehrenplatz gefunden.

Nördlich des Betriebshofs hat die Deutsche Post in zwei Bauabschnitten (1969 und 1972/73) an der Bajuwarenstraße einen markanten Bau errichtet. Bis zur Privatisierung der Post war dort das Fernmeldeamt untergebracht.

N

BURGWEINTING

Das im Jahr 1958 aufgenommene Bild zeigt den Blick über Burgweinting nach Nordosten. Die weiten, landwirtschaftlich genutzten Fluren des Donautals werden durchkreuzt von den Trassen der Eisenbahn und der Autobahn A 3, deren Bau in diesem Abschnitt 1942 kriegsbedingt unterbrochen worden war und seither ruhte. Das Siedlungsbild von Burgweinting lässt zwei historisch gewachsene Bereiche erkennen: Das Straßendorf entlang der damaligen B 15 und, östlich davon, den eigentlichen Ortskern mit seinen großen Bauernhöfen.

1958

Das 1977 nach Regensburg eingemeindete Burgweinting ist um ein Vielfaches gewachsen.
Durch die Anbindung an die seit den Sechzigerjahren befahrbare Autobahn und nicht zuletzt durch die von der Stadt Regensburg ins Leben gerufene „Entwicklungsmaßnahme Burgweinting" ist aus dem einstigen Dorf ein bevorzugter Wohn- und Gewerbestandort geworden. Im Vordergrund erkennt man den 1991-95 geschaffenen ersten Bauabschnitt „Burgweinting-Südwest" mit seinen 1.200 Wohneinheiten, nördlich davon das im Jahr 2000 eröffnete neue Stadtteilzentrum. Daran schließt sich, vom rechten Bildrand überschnitten, der Bereich „Burgweinting-Mitte" an, ein regionales Siedlungsprojekt der Expo 2000. Östlich der Bahntrasse ist das Gewerbegebiet „Burgweinting-Ost" entstanden.

HARTING UND BMW REGENSBURG

Der Ort findet erstmals im 9. Jahrhundert als Hartinga Erwähnung. Der Name geht wohl auf einen Harto zurück, ein Edelgeschlecht, das im Bereich Harting seinen Sitz hatte. Die Kirche St. Koloman, die in der Straßensiedlung einen Bezugspunkt bildet, ist romanischen Ursprungs. 1977, zum Zeitpunkt der Aufnahme, liegt Harting noch umgeben von fruchtbaren Feldern. Auf dem Luftbild geht der Blick hinüber nach Süden, wo das Nachbardorf Burgweinting erkennbar ist.

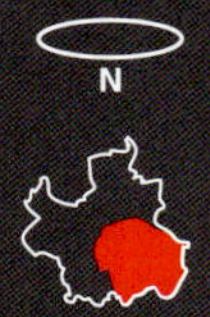

Die wohl bislang wichtigste Entscheidung in der Industriegeschichte Regensburgs ist im Jahre 1982 gefallen. Damals entschied sich der BMW Vorstand, in Regensburg sein viertes Automobilwerk zu errichten.
Die Stadt konnte damals unter zwölf Bewerbern den Zuschlag erhalten, weil es ihr letztlich gelang, dem Konzern die südlich von Harting gelegene Fläche von ca. 140 ha zur Verfügung zu stellen sowie die Baureifmachung des Grundstücks zu sichern. Insofern konnte auf altem Siedlungsboden – im Zuge der Erschließung wurden umfangreiche archäologische Grabungen durchgeführt und eine Fülle von Befunden, ausgehend von der Jungsteinzeit bis hin zum frühen Mittelalter dokumentiert – mit den Bauarbeiten für das Werk begonnen werden. Die Grundsteinlegung erfolgte im April 1984, im November 1986 ging das Werk offiziell in Betrieb. BMW Regensburg entwickelte sich zu einem wirtschaftlichen Motor in der ostbayerischen Region. 2002 wurde das Werk erweitert. Bis zum Jahre 2005 produzierte BMW Regensburg bereits 3 Mio. Fahrzeuge. Im Jahr 2008 bot das Regensburger BMW Werk 10.000 Arbeitsplätze.
Wie das Bilddokument aus dem Jahr 2007 zeigt, hat sich auch der Ortsteil Harting in den letzten 30 Jahren kontinuierlich weiterentwickelt.
Durch eine abgestimmte Bauleitplanung ist es gelungen, den ländlichen Charakter des Ortsteils Harting zu bewahren und weiter zu entwickeln.

FA. SIEMENS-SCHUCKERT, AN DER IRLER HÖHE (JETZT SIEMENSSTRASSE)

Im Jahre 1940 verlegte die Fa. Siemens die Fertigung von Installationsmaterial kriegsbedingt von Berlin nach Hof an der Saale. Aufgrund der Nähe zur damaligen Zonengrenze, vor allem aber wegen Arbeitskräftemangel in der Region, erwies sich der oberfränkische Standort nach Kriegsende als nicht ideal. 1948/49 verlegte Siemens die Produktion daher Zug um Zug nach Regensburg. Im Juni 1948 begannen 17 Frauen mit der Herstellung von Sicherungen in einem von Bomben zerstörten Gebäude an der Irler Höhe. Im September 1949 konnte Siemens das Gelände an der Irler Höhe, auf dem sich seit dem 19. Jahrhundert ein Exerzierplatz befand, für die Errichtung einer Produktionsstätte erwerben. 1957, zum Zeitpunkt der Aufnahme, waren bereits 1.600 Mitarbeiterinnen und Mitarbeiter im Werk tätig. Sie entwickelten und fertigten Systeme und Geräte für die elektrische Installationstechnik, so beispielsweise Leitungsschutzschalter, Fehlerstromschutzschalter, Sicherungen, Schalter und Steckdosen sowie Einbaugeräte für Verteilungssysteme.

1957

Der Siemensstandort Regensburg erfuhr in den letzten zehn Jahren eine besondere Aufwertung. Wie das Bild aus dem Jahr 2007 deutlich zeigt, entstanden weitläufige Forschungs- und Produktionseinheiten, die mittlerweile internationalen Ruf besitzen. Hierzu zählt insbesondere das Siemenswerk VDO Automotiv AG, welches als Partner der Automobilindustrie zukunftsweisende Produkte entwickelt und fertigt. Ende 2007 übernahm die Continental AG das Unternehmen. Im Regensburger Osten liegt somit der Hauptsitz des Geschäftsgebietes Innovationstechnik des Bereichs „Automation and Drives". Insgesamt bietet Siemens an den Standorten in Regensburg derzeit 9.000 Arbeitsplätze.

EHEMALIGE GEWEHRFABRIK, SIEMENSSTRASSE

Das Bild aus dem Jahr 1956 zeigt eines der ältesten Gewerbegebiete Regensburgs. Es liegt am östlichen Stadtrand, an der Grenze zur Gemeinde Irl. 1917, als der Erste Weltkrieg noch an allen Fronten tobte, hatte die Stadt im Sinne der Wirtschaftsförderung dem bayerischen Kriegsministerium angeboten, eine dringend benötigte Gewehrfabrik in Regensburg zu bauen. Mit der Errichtung der Fertigungs- und Verwaltungsgebäude konnte jedoch erst im April 1918 begonnen werden – wenige Wochen vor Kriegsende. Die Fabrik war noch vor ihrer Fertigstellung überflüssig geworden. Die Rohbauten gelangten in den Zwanzigerjahren in Privatbesitz und wurden für andere gewerbliche Zwecke vollendet.
Außer der Gewehrfabrik, in der nie ein Gewehr hergestellt wurde, befand sich auf dem Areal, am Rande des Exerzierplatzes, in den Fünfzigerjahren ein Werk von Siemens-Schuckert.

Einen nachhaltigen Entwicklungsschub erhielt das Gewerbegebiet „Siemensstraße“ in den 1990er Jahren. Die Deutsche Post AG, Baufirmen, Speditionen und vor allem die Siemens AG haben mit erheblichen Investitionen die zu Beginn des 20. Jahrhunderts geborene Idee eines „Gewerbeclusters“ realisiert.

2007

**TRIUMPH-WERK,
AN DER IRLER HÖHE**

Die 1886 gegründete Miederwarenfabrik Spießhofer & Braun aus Heubach/Württemberg verlegte nach 1945 einen Teil ihrer Produktion nach Regensburg in die Plato-Wild-Straße. Die Expansion des Unternehmens in den 1950er Jahren gab den Anlass zum Bau eines völlig neuen Werkes in Regensburg. 1959 schlossen die Schwaben mit der Stadtverwaltung einen Ansiedlungsvertrag. Auf 6 ha Grund am südlichen Rand des Kleinen Exerzierplatzes sollte eine neue Fabrik entstehen und nach etwa zwei Jahren Anlaufzeit 1.000 – vor allem Regensburgerinnen – zu Arbeit und Brot verhelfen. Ab 1961 wurden in der damals größten freitragenden Werkhalle Europas vor allem Bademoden hergestellt. Ein eigener Hubschrauberlandeplatz stellte die Verbindung zu den anderen Produktionsstandorten in Europa her.

Das Luftbild aus dem Jahre 1962 zeigt ferner – westlich der neuen Fabrik gelegen – die Reste des 1945 angelegten Kriegsgefangenen-, Arbeits- und Internierungslagers. Nach Kriegsende 1945 waren auf dem Exerzierplatz einige zehntausend Kriegsgefangene auf freiem Feld hinter Stacheldraht untergebracht. Im Sommer 1945 wurden Holzbaracken errichtet, in denen ca. 9.000 ehemalige Nationalsozialisten und SS-Angehörige auf ihre Gerichtsverhandlung warteten oder Haftstrafen absaßen. Ab 1948 wurde das Lager schrittweise aufgelöst und diente später als Flüchtlingswohnlager. Ab 1950 entstanden im Umfeld des Lagers an der Deggendorfer Straße auf Initiative der Bundesrepublik und des Freistaats Bayern die im Bild dokumentierten Wohnbauten.

1996 zog sich das Familienunternehmen Spießhofer & Braun, welches heute weltweit von der Schweiz aus operiert, aus Regensburg zurück. 1997/98 erwarb die businessPark-POLIS GmbH die Gebäude und Grundstücksflächen an der Irler Höhe. Im Laufe von zehn Jahren entstanden Büro- und Gewerbeflächen für eine Vielzahl von neuen Mietern.

ZUCKERFABRIK REGENSBURG, STRAUBINGER STRASSE

Die Zuckerfabrik Frankental, Fabrik Regensburg, wurde im Jahre 1899 als Bayerische Zuckerfabrik AG unter besonderer finanzieller Beteiligung des Hauses Thurn und Taxis gegründet. Mit der Ansiedlung des Werks kam dem Anbau von Zuckerrüben in der Region eine besondere Bedeutung zu. Die Landwirtschaft hatte nun neben dem Getreideanbau und der Viehhaltung ein weiteres Standbein. 1921 waren bereits 6.400 Tagwerk Ackerboden dem Anbau von Zuckerrüben vorbehalten. Im Werk selbst hatten damals während der Kampagne im Winterhalbjahr über 600 Menschen einen Arbeitsplatz.

1926 erfolgte der Zusammenschluss zur Süddeutschen Zucker AG, zu der neben dem Regensburger Werk die in Baden und Württemberg gelegenen Fabriken gehörten. Die Regensburger Zuckerfabrik erfuhr seither eine ständige Anpassung an die betriebstechnischen Erfordernisse. 1968 sind – im Bild deutlich erkennbar – besonders die Silotürme ein markantes Zeichen der Fabrik.

1968

2001 ist die Südzuckergruppe, die sich seit der Auflösung des Ostblocks strategisch in Osteuropa engagiert, der größte Zuckerproduzent in der Europäischen Union. Das Regensburger Werk, welches mit dem rund 150 m hohen, qualmenden Schlot zur Kampagnezeit ein Zeichen prosperierender industrieller Aktivität setzte, war mit einer jährlich verarbeiteten Rübenmenge von knapp 700.000 t ein wichtiger Standort im Konzern.
Trotzdem wurde das Werk aus betriebswirtschaftlichen Gründen nach der Kampagne 2007 geschlossen. Damit endete die über hundertjährige Tradition der Zuckerproduktion in Regensburg.

STÄDTISCHES GASWERK, GREFLINGER STRASSE

Bereits 1857 entstand unweit der Altstadt an der Landshuter Straße ein erstes Gaswerk. 1909/10 errichtete die Stadt an der Greflinger Straße ein neues Gaswerk mit größeren Kapazitäten. Am neuen Standort konnte per Bahn die erforderliche Steinkohle zugeliefert werden. Das neue Werk vermochte jährlich rund 5 Mio. m³ Gas zu erzeugen. Wie das Luftbild von 1958 verdeutlicht, hatte das Gaswerk auch ästhetische Qualitäten. Locker gruppierte Bauten mit einer lebendigen Dachlandschaft – gleichsam dem Wohnungsbau nachempfunden – gruppieren sich um kleine Plätze und Grünanlagen. 1965 stellte das Gaswerk seine Produktion ein. Erdgas ersetzte das stark schwefelhaltige Gas, welches aus Kohle gewonnen wurde.

In der oberen Bildhälfte ist auf einem Gelände zwischen der Bahnlinie Regensburg-München/Passau das Leichtsteinwerk Regensburg, Josef Oppacher KG, erkennbar. Bereits seit 1922 wurden hier großformatige Leichtbetonsteine für Mauerwerk und Geschossdecken hergestellt. In Spitzenjahren wurden in diesem Werk mehr als 12 Mio. Bausteine jährlich produziert.

Vom früheren Gaswerk sind nur noch wenige Objekte vorhanden, unter anderem der direkt an der Bahnlinie stehende Scheibengasbehälter. Er ist als technisches Denkmal zwischenzeitlich in der Denkmalliste der Stadt Regensburg vermerkt. Östlich des Gasbehälters schließen sich die früheren Produktionsanlagen der Südzucker AG an, die den Betrieb 2007/2008 einstellte. Südlich der Bahnlinie sind die ehemaligen Fabrikationsanlagen des Leichtsteinwerks zu sehen. Am oberen Bildrand geht der Blick nach Süden zu den Gewerbegebieten an der Leibnizstraße bzw. westlich der Bahnlinie zu dem in den Achtziger- und Neunzigerjahren entwickelten Wohnstandort Burgweinting.

MUSIKGYMNASIUM DER REGENSBURGER DOMSPATZEN

Eine kulturelle Institution Regensburgs, die den Namen der Stadt in alle Welt hinausträgt, ist der Chor der Regensburger Domspatzen. Bischof Wolfgang gründete 975 die zu St. Peter gehörige Domschule, eine zentrale Bildungsstätte für die gesamte Diözese und Mittelpunkt kirchlicher Studien und kirchlichen Wirkens. Domkapellmeister Theobald Schrems, der Mentor der Domspatzen moderner Prägung, stellte bereits seit Mitte der 1920er Jahre die Weichen für eine organisatorisch-strukturelle Erneuerung des Chores sowie für dessen neue pädagogisch-künstlerische Ausrichtung. Sichtbares Zeichen dieser Profilierung war der Bau des Musikgymnasiums in den Jahren von 1952-54 an der Reichsstraße. Nach den Plänen des Regensburger Architekten Hans Beckers entstand ein funktionaler Komplex in der Architektursprache seiner Zeit. Durch ihn wurden die räumlichen Voraussetzungen für den Chor, die Schule und das Internat geschaffen.

1956

Pädagogische Konzepte unterliegen permanenter Veränderung. Diese Erkenntnis dokumentiert das Luftbild aus dem Jahre 2007. Neue Funktionsbereiche für Schule und Internat wurden dem Stammgebäude angegliedert. Die steigende Zahl der Schüler machte weitere bauliche Erweiterungen erforderlich. 1978 folgte ein neuer Bautrakt im Süden des Areals. 450 Schüler besuchten damals das Gymnasium. 1997 war der so genannte „Rundbau" bezugsfertig und 2000/2001 fand eine grundlegende Sanierung der zwischenzeitlich fünfzig Jahre alten Dompräbende statt.

N

SCHLACHTHOF UND HAFENGEBIET

1886 beschloss der Magistrat der Stadt Regensburg die Errichtung eines neuen Schlachthofes zwischen der Straubinger Straße und der Donaulände. Der damals hochmoderne Betrieb entwickelte sich außergewöhnlich gut, so dass bereits Ende der 1890er Jahre weitere Stallungen für Nutz- und Kleinvieh errichtet wurden. 1900 folgten ein Kühlhaus und zu Beginn der 1920er Jahre weitere Viehmarkthallen und Einstellstallungen. Trotz dieser Investitionen wurde Ende der 1920er Jahre der gesamte Betrieb erneut überplant und weitere Großviehmarkthallen gebaut. Das Luftbild aus dem Jahr 1956 dokumentiert letztlich den Zustand Ende der 1920er Jahre. Im Jahr 1956 wurden 82.000 Stück Groß- und Kleinvieh aufgetrieben und 70.000 Schlachtungen vorgenommen. Der Regensburger Schlachthof hatte damals als Schlachtviehgroßmarkt, Großschlachthof und Fleischgroßmarkt eine überregionale Bedeutung, die weit in den ostbayerischen Raum hineinreichte. Auf dem historischen Luftbild ist auch deutlich dokumentiert, dass damals Schlachtvieh per Bahn angeliefert wurde. Nordöstlich des Schlachthofs ist der Luitpoldhafen zu sehen, mit den Umschlageinrichtungen und den großzügigen Gleisanlagen der Hafenbahn.

1956

Strukturelle Veränderungen auf dem Gebiet des Viehhandels, der Nutztierschlachtung und hygienischer und veterinärmedizinischer Anforderungen haben dazugeführt, dass der Schlachthof Regensburg in den Neunzigerjahren des 20. Jahrhunderts seinen Betrieb nach gut 100 Jahren einstellen musste. Teile der Anlage unterliegen dem Denkmalschutz. Derzeit wird von der Stadt geprüft, wie das weitläufige Areal vitalisiert werden kann. Eine Variante ist die Schaffung eines so genannten Marina-Quartiers.
Die strukturellen Veränderungen der letzten Jahrzehnte haben auch die Hafenwirtschaft erfasst. Der Luitpoldhafen, heute Westhafen, wurde im Bereich des Nordkais neu strukturiert. Aber auch die Zonen nördlich der Budapester Straße haben sich nachhaltig verändert. An der Donaulände entsteht derzeit ein Getreideterminal, auf dem Areal der früheren Hitzler-Werft werden sich zukünftig Recyclingbetriebe etablieren.

DONAULÄNDE MIT NIBELUNGENBRÜCKE

Ende des 19. Jahrhunderts verlagerte sich der Schiffsumschlag von den mittelalterlichen Länden oberhalb und unterhalb der Steinernen Brücke aufgrund der dort beengten Verhältnisse weiter donauabwärts.

1891/92 errichtete das Königliche Straßen- und Flussbauamt östlich der Eisernen Brücke insgesamt 850 m Kaimauer und rund zehn Jahre später weitere 200 m. Parallel dazu wurden die Gleise für die Hafenbahn verlegt. Die Aufnahme aus dem Jahre 1957 vermittelt einen Eindruck von der regen Betriebsamkeit am Donauufer. Vom Altstadtbereich unterhalb der Eisernen Brücke bis zur Linzer Straße liegen die Schleppkähne dicht gedrängt. Eine Reihe von Kränen besorgt den Güterumschlag zwischen Bahn und Schiff.

Besonders deutlich wird die damalige Stellung der Hafeneisenbahn. Allein 1957 trafen im Hafenbahnhof über 3.000 Güterzüge mit rund 145.000 Waggons ein. Die Bahn allein transportierte damit über 3 Mio. t Güter. Sechs Diesellokomotiven besorgten auf einer Gleislänge von knapp 45 km den Rangierbetrieb. Der Straßengüterverkehr spielte damals noch eine untergeordnete Rolle.

In der Bildmitte ist die Nibelungenbrücke erkennbar. Sie wurde 1938 dem Verkehr übergeben und entlastete damit die Steinerne Brücke, welche bis zu diesem Zeitpunkt der einzige Donauübergang im Stadtgebiet war. 1945 sprengten deutsche Truppen die Nibelungenbrücke, welche erst fünf Jahre später ein zweites Mal dem Verkehr übergeben werden konnte.

Der Strukturwandel im Verkehrsgewerbe und insbesondere der Rückgang des Güterverkehrs bei der Bahn haben sichtbare Veränderungen hinterlassen. Die Bedeutung der Donaulände ist deutlich geschrumpft.
Unterhalb der neuen Nibelungenbrücke, die in den Jahren 2001-2003 errichtet wurde, haben sich Stätten der Freizeit und des Vergnügens etabliert. Die von der Bahn einst genutzten Areale dienen anderen Zwecken, wie z. B. einem Betriebshof für Omnibusse. Dieses im Umbruch befindliche Areal bedarf einer konkreten Planung.
Mit dem angedachten „Marina-Quartier“ sollen Brachflächen aktiviert und für neue Nutzungsmöglichkeiten erschlossen werden.

2007

DONAULÄNDE, DEUTSCHE BENZIN- UND PETROLEUMVERKAUFSGESELLSCHAFT (BP), EHEMALIGES TANKLAGER DER STEAUA ROMANA

Ende des 19. Jahrhunderts waren Erdöl und Erdölprodukte zu einem neuen Marktfaktor geworden. Die Erschließung der rumänischen Erdölfelder brachte deutsche Interessenten auf die Idee, das Öl mit Schiffen auf der Donau bis nach Regensburg zu transportieren. Nicht zuletzt ermöglichte erst deutsches Kapital die Erdölförderung in Rumänien. 1897 hatte der Stadtmagistrat Regensburg über einen Bauantrag zur Errichtung von drei Lagertanks an der Unteren Donaulände zu entscheiden, wobei die dem Donauverkehr aufgeschlossene Stadtverwaltung dem Antrag alsbald stattgab.

Ein Jahr später, nach dem Bau der Tankanlagen, kam erstmals Petroleum in Regensburg an. Das Bilddokument aus dem Jahre 1958 zeigt die Tankanlage unter dem Management der Deutschen Benzin- und Petroleumverkaufsgesellschaft (BP) Hamburg, die vor allem Heizöl nach Deutschland einführen ließ. Von hier aus ging der Brennstoff per Lkw bzw. Bahn weiter an die Verbraucher.

1958

2002 wurden die seit mehreren Jahren nicht mehr genutzten Tankanlagen abgebrochen. Umweltschutzauflagen machten eine Schiffsverladung am freien Strom mit wassergefährdenden Stoffen unmöglich. 2007 entstand ein neuer Betrieb, der sich auf die Produktion von Biodiesel spezialisiert hat.

LUITPOLDHAFEN, HEUTE WESTHAFEN

Als 1910 der Luitpoldhafen seiner Bestimmung übergeben werden konnte, ging ein lange gehegter Wunsch des Regensburger Magistrats in Erfüllung. Schon 1899 ersuchte die Stadt das Königliche Staatsministerium des Innern, Finanzmittel für den Bau eines Winter- und Umschlaghafens bereitzustellen, um somit dem steigenden Güterverkehr Rechnung zu tragen, der angesichts der Ansiedlung verschiedener Industrien zu erwarten war. Erst im Verwaltungsjahr 1906/07 bewilligte der Bayerische Landtag Mittel für den Bau eines Staatshafens in Regensburg. Die Dimensionen des neuen Hafens waren beachtlich: Das Becken des Luitpoldhafens hatte eine Länge von 600 m (eine Verlängerung um 200 m folgte in den 1920er Jahren) und eine Breite von 80 m. Die Mindestwassertiefe lag bei 2,30 m.

Am Südkai operiert seit 1910 als kommunaler Eigenbetrieb das „Städtische Lagerhaus", heute Lagerhaus- und Schifffahrtsgesellschaft, als Dienstleister im Lagerei- und Umschlagegeschäft. Am Nordkai war von 1913 bis 2000 der Bayerische Lloyd, Schifffahrtsaktiengesellschaft, angesiedelt. Das Luftbild aus dem Jahre 1962 vermittelt einen Eindruck vom geschäftigen Treiben an den Kais. Regensburg ist Kopfhafen der Donauschifffahrt. Zahlreiche Schleppkähne aus den Donaustaaten haben festgemacht. Der Warenaustausch mit den Ländern des Ostblocks erfährt knapp zwanzig Jahre nach dem Zweiten Weltkrieg wieder eine Belebung.

1962

Von der einstigen Betriebsamkeit auf dem Wasser und der Schiene ist wenig geblieben. Der Hafen ist derzeit in einer Phase der Umstrukturierung. Das Hafenbecken wurde zugunsten der Erweiterung von Lagerflächen verschmälert. Für Investoren gibt es derzeit große Entwicklungschancen. Die Schleppkähne sind längst von modernen Motorgüterschiffen abgelöst worden. Diese können jetzt, über Regensburg hinaus nach Westen zum Rhein fahren. Zudem ist Regensburg nicht Endpunkt der Donauschifffahrt, sondern ein Hafen an der europäischen Wasserstraße Rhein-Main-Donau.

2007

SCHIFFSWERFT THEODOR HITZLER, BUDAPESTER STRASSE

Die Aussicht auf Beschäftigung durch Reparationsleistungen war das Motiv von Theodor Hitzler mit Schiffswerft und Maschinenfabrik (Stammhäuser Theodor Hitzler Schiffswerft Hamburg und J. G. Hitzler Schiffswerft und Maschinenfabrik Lauenburg/Elbe) nach dem Ersten Weltkrieg nach Regensburg zu gehen. Auf einem westlich der Eisenbahnbrücke Schwabelweis liegenden Areal begann die Firma 1921 mit dem Bau der Werftanlagen. Hitzler spezialisierte sich neben dem traditionellen Schiffsbau auf die Herstellung von Schiffshilfsmaschinen und so genannten Hitzler-Patent-Dreiflächenrudern.

Der Schiffsbau hatte in Regensburg insbesondere in der Zeit von 1936-45 Hochkonjunktur, als zahlreiche Schlepper und Schleppkähne für die Schifffahrtsgruppen des Deutschen Reiches vom Stapel liefen. Das Bild aus dem Jahre 1958 zeigt das Werftareal nach Behebung der zahlreichen Kriegsschäden.

1958

Die Schiffswerft Hitzler produzierte am Standort Regensburg bis zum Konkurs im Jahre 1994 über 300 Fahrzeuge. 2005 begann der Abbruch der Werfthallen und der Werkstätten. Zwischenzeitlich sind sämtliche Gebäude beseitigt und das Gelände soll nun einer neuen Nutzung zugeführt werden. Mit der Fa. Hitzler schloss nach 73-jähriger Betriebstätigkeit der letzte Schiffbaubetrieb in Regensburg.

2007

RUTHOF-WERFT, WIENER STRASSE
Die Schiffswerft Christof Ruthof mit dem Stammsitz in Mainz-Kastel kam bereits 1892 nach Regensburg. Auf dem Oberen Wöhrd baute das Unternehmen aus vorgefertigten Teilen Schiffe für die Donau zusammen. Nach einem Intermezzo an der Donaulände, wo sich der Betrieb 1894 angesiedelt hatte, zog das Unternehmen 1910 in den damals gerade fertiggestellten Petroleumhafen um.
Das Bilddokument von 1958 zeigt die Ruthof-Werft unterhalb der Bahnlinien Regensburg-Hof mit der großen Schiffsbauhalle und der Hellinganlage. Am östlichen Ende des Areals war die Schiffsschreinerei untergebracht. 1970 erwarb die Deggendorfer Werft den Betrieb und führte diesen bis 1983 weiter.

Der einstige Werftbetrieb hat sich in eine Stahlbaufirma verwandelt. Das letzte Schiff lief 1982 vom Stapel. 1983 gründeten ehemalige leitende Mitarbeiter die Fa. STS (Stahl-Technik-Straub), die heute unter STS Stahltechnik GmbH firmiert und sich auf Planung, Konstruktion, Herstellung, Montage und Reparatur von Stahlprodukten spezialisiert hat.

2007

PETROLEUMHAFEN

Anfang des 20. Jahrhunderts erhielt Regensburg moderne Hafenanlagen. In Anwesenheit von Prinz Ludwig, dem späteren König Ludwig III., erfolgte am 06. Juni 1910 die feierliche Eröffnung des Luitpold- und des Petroleumhafens. Während das Königreich Bayern die Baukosten trug, stellte die Stadt Regensburg Grund und Boden für das große Werk zur Verfügung. Besonders zukunftsträchtig erschien die Anlage eines Petroleumhafens. Mineralöl trat Ende des 19. Jahrhunderts weltweit seinen Siegeszug als Brenn- und Kraftstoff an. Regensburg wurde zum Anziehungspunkt einer Mineralöl verarbeitenden Industrie, die das aus Rumänien donauaufwärts transportierte Rohöl verarbeitete. Ende des Zweiten Weltkriegs wurden Hafen- und Produktionsanlagen weitgehend zerstört. Das Bild aus dem Jahre 1956 zeigt noch Teile der ehemaligen Fabrikationsstätten, die jedoch schon anderweitig genutzt wurden. Der Petroleumhafen hatte zwischenzeitlich eine Renaissance erfahren. Heizöl verdrängte nun die Kohle als neue Energiequelle in Industrie und privaten Haushalten. In Donauschiffen kam der Brennstoff vor allem aus Österreich und Rumänien nach Regensburg, wurde eingelagert und mit Lastkraftwagen an die Verbraucher geliefert. Als zu Beginn der 1960er Jahre Bayern aus industriepolitischen Gründen eine eigene Raffineriekapazität im Großraum Ingolstadt aufbaute, kam der Handel mit Mineralöl nach Regensburg nahezu zum Erliegen.

1956

Fünfzig Jahre später dominieren im Ölhafen nach wie vor die Lagertanks. 80.000 t Flüssiggut können eingelagert werden. Die in den 1970er Jahren entwickelten Pläne, den Hafen mangels Zukunftschancen zuzuschütten, wurden wieder aufgegeben. Heute hat der Ölhafen nur mehr regionale Bedeutung. Die zur Verfügung stehenden freien Flächen werden nun der Distribution von Neuwagen bzw. für Speditionsbetriebe zur Verfügung gestellt.

OSTHAFEN UND ÄUSSERE WIENER STRASSE

Der zunehmende Warenverkehr auf der Donau führte dazu, dass bereits 1939 der Bau eines neuen Hafenbeckens von den staatlichen Stellen bewilligt wurde. Der Zweite Weltkrieg verhinderte jedoch die Umsetzung dieses Planes. Die Nachkriegsordnung in Europa betraf insbesondere die Handelsbeziehungen und den Warenaustausch auf der Donau. So dauerte es fast 20 Jahre, bis sich im Jahre 1956 der Freistaat Bayern zu einem Bau eines Osthafens bekannte. Von 1960-63 entstand auf dem Gemeindegebiet Barbing ein rund 400 m langes Hafenbecken. Parallel dazu wurden Straßenanschlüsse über die heutige Äußere Wiener Straße zum Umfeld des Luitpold- und Petroleumhafens geschaffen. Auch die entsprechenden Bahnanschlüsse wurden verlegt. Dass der Hafenbau nicht auf städtischem Gebiet umgesetzt werden konnte, führte bei den Stadträten und der Verwaltung der Stadt Regensburg zu erheblicher Kritik. Die Eingemeindung dieser Flächen wurde als unabdingbar bezeichnet. Doch erst 1978 wurden der Stadt die Flächen zwischen Irl und der Donau zugesprochen. Auf dem Luftbild von 1961 ist am rechten Bildrand noch die Trasse der alten Bundesstraße 8 erkennbar, die jedoch bereits parallel des Hafenbeckens verlegt ist.

1961

Zwischen der Äußeren Wiener Straße und der Bundesstraße 8 hat sich ein Gewerbegebiet mit dem Schwerpunkt Logistik entwickelt. In den Jahren 1970-72 wurde das Osthafenbecken nochmals um rund 350 m nach Westen verlängert. Beiderseits des Hafenbeckens haben Speditionen ihre Lagerhäuser errichtet und in den hohen Silogebäuden werden Futtermittel bzw. Getreide gelagert. Im so genannten Güterverkehrszentrum Hafen werden auf ideale Weise die Verkehrsträger auf der Schiene, der Straße und auf dem Wasserweg verknüpft.

OSTHAFEN

1962 legten erstmals Donauschiffe im neuen Osthafen an. Ursprünglich als Industriehafen konzipiert, sollten sich vor allem Produktionsbetriebe an den Kais ansiedeln, die Rohstoffe über den Wasserweg importieren und fertige Produkte verschiffen. Zunächst fasste die Futtermittelindustrie Fuß, wie auf dem Bild von 1968 erkennbar ist. Aber es war schwierig, das dringend benötigte Getreide über die Donau zu importieren. Unterhalb Wiens begann der Eiserne Vorhang. Exporte in den „Westen" blieben die Ausnahme; die im Rat für gegenseitige Wirtschaftshilfe zusammengeschlossenen östlichen Donauländer praktizierten die Planwirtschaft. Aber auch die Europäische Wirtschaftsgemeinschaft, der Deutschland angehörte, regelte den Agrarmarkt streng. Trotzdem fand der neue Hafen sein Auskommen, vor allem im Transitverkehr. Jahrzehntelang kam über die Nordseehäfen Erz und Kohle per Bahn nach Regensburg, wurde hier auf Schiffe umgeschlagen und in das oberösterreichische Linz zu den dortigen Stahlwerken weitertransportiert.

40 Jahre später haben sich die Vorzeichen an der Donau und damit im Hafen Regensburg grundlegend verändert. Regensburg ist nicht mehr Endpunkt der Donauschifffahrt, sondern liegt an einer großen Wasserstraße, die die Seehäfen an der Nordsee mit dem Schwarzen Meer verbindet. Aber auch der gewaltige gesellschaftspolitische Umbruch zu Ende des 20. Jahrhunderts und die Gestaltung eines vereinigten Europas, das heute vom Schwarzen Meer bis zur Nordsee reicht, bietet den Ansiedlern und der Hafenwirtschaft ganz neue Chancen und Perspektiven.

Weitere Firmen haben sich zwischenzeitlich angesiedelt. Die Futtermittelwerke importieren ihre Rohstoffe heute nach Marktlage entweder aus Übersee oder dem Donauraum. Gleichwohl sind nur wenige Schiffe an den Kais vertäut. Zeit ist Geld, auch in der Binnenschifffahrt. Sie fährt heute auf den Flüssen und Kanälen durch ein freies Europa.

KREUZHOF UND OSTHAFEN
Als historischer Bezugspunkt kann die am rechten Bildrand, nahe dem Donauufer gelegene Kreuzhofkapelle aus dem 12. Jahrhundert dienen. Um 1958, als die Aufnahme entstand, wurde der im Zweiten Weltkrieg beschädigte Sakralbau von dem damaligen Bezirksheimatpfleger Georg Rauchenberger in langjähriger Eigeninitiative saniert und vor dem Verfall gerettet. Im Umfeld der Kapelle befanden sich landwirtschaftliche Gebäude, die dem Hause Thurn und Taxis gehörten. Der Blick nach Nordwesten geht über das Donauvorland und den Strom hinüber nach Tegernheim und Schwabelweis bis hin zum Kalkabbau am Keilberg.

1958

Nach fünfzig Jahren hat sich westlich der Kreuzhofkapelle eine Industrielandschaft etabliert. 1958, also zum Zeitpunkt der historischen Schwarz-Weiß-Aufnahme, liefen intensive Planungen zur Errichtung eines Osthafens, der aufgrund des zunehmenden Güterverkehrs auf der Donau unabdingbar geworden war. Dabei konnte man auf eine Planung aus den Jahren 1938/39 zurückgreifen, die damals unter der Bezeichnung „Kreuzhofprojekt" lief. Geplant waren zwei parallele Hafenbecken zwischen dem Donauvorland und der damaligen Reichsstraße 8, die aber für diese Maßnahmen nach Süden verlegt werden sollte.

Heute erstreckt sich westlich der Kreuzhofkapelle ein Gewerbegebiet mit einem Auslieferungslager für Getränke sowie südwestlich davon der in den Neunzigerjahren errichtete Bauhof des Wasser- und Schifffahrtsamtes Regensburg. In der Bildmitte ist der Nordkai des Osthafens mit seinen Silogebäuden und Lagerhäusern erkennbar. Weiter geht der Blick hinüber nach Schwabelweis und zu den Hängen des Keilbergs und des Fellingerbergs, die in den letzten Jahren durch den Kalkabbau sichtlich an Struktur und Masse verloren haben. Aber auch die Donaulandschaft hat sich verändert. Auwaldgehölze säumen nun die Ufer des Stroms und der Altwässer. Während früher der Uferbewuchs regelmäßig zurückgeschnitten wurde – die Schifffahrt fuhr auf Sicht und hatte keine Funkgeräte an Bord – kann sich heute eine Vegetation entwickeln, die auch unter ökologischen Gesichtspunkten ein Gewinn ist.

KREUZHOF

Einsam am Ufer des seit 1961 hier in die Donau mündenden Osthafenbeckens präsentierte sich 1968 der historisch bedeutende Weiler Kreuzhof mit seiner zweigeschossigen romanischen Kapelle. Hier bzw. auf den weiten Feldern und Wiesen im Hintergrund kamen am 8. September 1156 Kaiser Friedrich Barbarossa und die Fürsten des Reichs zusammen, um einen Streit um das Herzogtum Bayern zu schlichten. Ergebnis war die Abtrennung der Ostmark und deren Erhebung zu einem eigenen Herzogtum – Österreich.

Im Jahr der Aufnahme gehörte der Kreuzhof noch zur Gemeinde Barbing.

1968

Seit dem 1. Januar 1978 nach Regensburg eingemeindet, ist der historisch so bedeutende Ort in der städtischen Peripherie aufgegangen. Im Osten, entlang der Donau, schließt sich das noch 1978 errichtete Klärwerk an, während nach Westen ein Lagerhaus-Monolith der Thurn und Taxis Brauerei Immobilien GmbH die Verbindung zwischen der alten Siedlung und den Anlagen des Osthafens herstellt. Zur Straubinger Straße hin präsentiert die Seltenhofer Freizeithafen GmbH Wohnmobile und Caravans. Jenseits der Straubinger Straße erstreckt sich östlich der Sulzfeldstraße ein 1994 zur Ansiedelung von Großmärkten für Möbel und Baubedarf erschlossenes Areal.

SÜDWESTLICHER SEKTOR

Galgenberg,
Kumpfmühl – Ziegetsdorf – Neuprüll,
Großprüfening – Dechbetten – Königswiesen und Oberisling – Graß

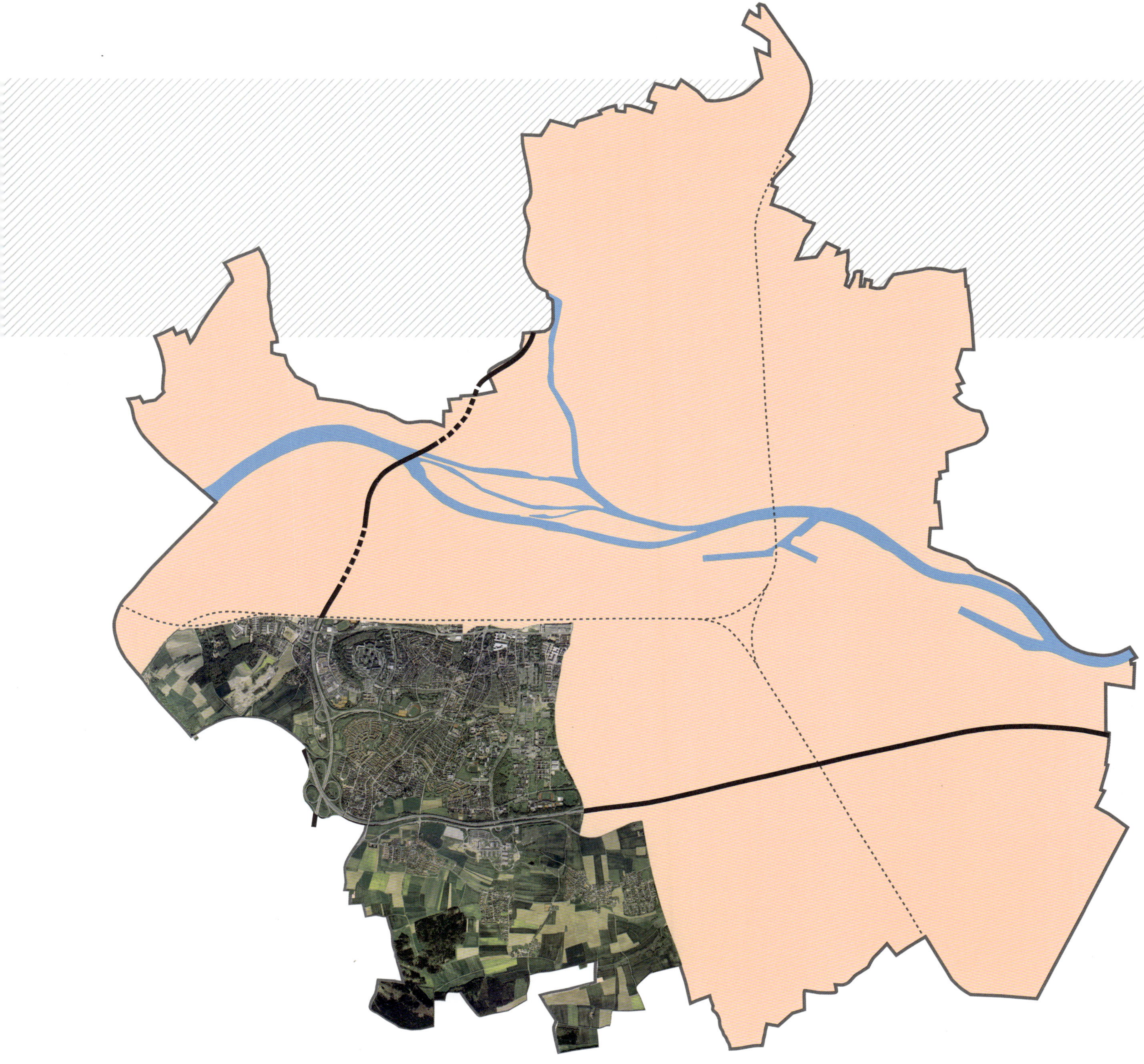

GALGENBERGBRÜCKE MIT VW HARTL

1948 eröffnete Franz Hartl an der Friedenstraße einen Kraftfahrzeugbetrieb. In den 1950er Jahren avancierte „VW Hartl" zum Repräsentanten des VW-Konzerns in der Region und zum VW-Großhändler. Als 1976 der Firmengründer verstarb, übernahm Wolfgang Jepsen das Unternehmen und baute es an weiteren Standorten im Stadtgebiet aus.

Wie auf dem Foto von 1958 deutlich erkennbar, schloss sich westlich des Autohauses das Bahnbetriebswerk Regensburg an. In der Bildmitte ist die genietete Stahlkonstruktion der alten Galgenbergbrücke zu erkennen, die seit den Achtzigerjahren des 19. Jahrhunderts über die Bahngleise führte.

1958

Nach 50 Jahren ist der Bereich zwischen dem Bahnhof und der Friedenstraße kaum wiederzuerkennen. Den Stätten harter Arbeit sind Anziehungspunkte des Konsums und der Unterhaltung gefolgt. 2001 trat ein Bebauungsplan in Kraft, der das von der Bundesbahn aufgegebene Areal zwischen dem Gleiskörper und der Friedenstraße neu ordnen sollte. Bereits im Vorfeld dieser Planung entstand 1998 am südlichen Brückenkopf der Galgenbergbrücke ein Multiplexkino mit acht Leinwänden. 2001 konnte das Einkaufszentrum „Regensburg Arcaden" eröffnet werden, das seit 2003 durch einen gläsernen Steg mit dem Bahnhof verbunden ist.

2007

BRAUEREIQUARTIER AM GALGENBERG

Mitte des 19. Jahrhunderts errichteten zahlreiche in der Altstadt produzierende Brauereien Lagerkeller im Gebiet zwischen dem Unterislinger Weg und dem Eisbuckel. Zunächst sollte das Bier dort bis in die heißen Sommermonate hinein frisch gehalten werden. Später fand bei den Kellern im Sommer ein Ausschank des Bieres statt. Unter schattigen Bäumen genoss die Regensburger Gesellschaft das kühle Bier, und um die Jahrhundertwende wurde sowohl das gastronomische Angebot als auch die Unterhaltung durch „Livemusik" weiter ausgebaut. Parallel zu dieser Entwicklung verlagerten auch viele Brauereien ihre Produktionsstätten aus der Enge der Altstadt hinauf auf den Galgenberg, so wie das im Bild deutlich gekennzeichnete Brauhaus Regensburg. Im rechten Bilddrittel befindet sich 1956 wie 2008 das Gebäude der Alten Mälzerei, heute eine Stätte der Jugendkultur. Nördlich anschließend ist der Gastgarten des Kneitinger Kellers mit seinem dichten und hohen Baumbestand zu sehen.

1956

Im Jahre 2008 gehen die Veränderungen im Bereich des ehemaligen Brauquartiers am Galgenberg weiter. Wo aktuell eine Brache erkennbar ist, werden in Kürze moderne Wohnhäuser errichtet werden. Für die östlich der Alten Mälzerei gelegenen Bauten gibt es bereits ein Neubauprojekt. Der Wohnungsbau mit seinen überaus farbenfroh gestalteten Hausfassaden hat sich zwischenzeitlich bis zum protestantischen Zentralfriedhof vorgeschoben. Auch die Brauereikultur in Regensburg ist in den letzten Jahrzehnten etwas ärmer geworden. Während im Jahre 1956 im Stadtgebiet noch 10 Brauereien produzierten, sind es heute nur noch drei.

2007

UNIVERSITÄT

Dieses Foto zeigt den Blick auf die bis in die 1960er Jahre unbebauten Flächen im Osten des Stadtteils Karthaus-Prüll. Hier entstand vom 20. November 1965, dem Tag der Grundsteinlegung, bis 1978 die Universität Regensburg. 1970, im Jahr der Aufnahme, lässt die nach dem Vorbild einer Campus-Universität konzipierte Anlage ihre innere architektonische Differenziertheit bereits gut erkennen. Dadurch unterscheidet sie sich sowohl von den nur wenig älteren deutschen Campus-Universitäten Bochum und Bielefeld als auch von der Gleichförmigkeit der im Hintergrund sichtbaren Blockbebauung aus den Fünfzigerjahren. Während die Häuser an der heutigen Otto-Hahn-Straße für amerikanische Soldaten errichtet wurden, entstand das Quartier an der heutigen Humboldtstraße bis 1961 im Zuge des Sozialen Wohnungsbaus. Im Winkel zwischen diesen beiden Blockanlagen erstreckt sich das Areal der Nibelungenkaserne mit dem Schlot des zugehörigen Heizwerks.

1970

Vierzig Jahre nach ihrer Einweihung präsentiert sich die Universität, nicht zuletzt durch die landschaftsarchitektonische Gestaltung der Freiflächen, als ein organisch in seine stadträumliche Umgebung hineingewachsener Gebäudekomplex. Im Süden, d. h. am rechten Bildrand, verläuft in leichtem Bogen die nach dem „Vater" der Universität Regensburg benannte Josef-Engert-Straße.

N

BUNDESAUTOBAHN A 3 REGENSBURG – PASSAU UND UNIVERSITÄTSGELÄNDE

Als in den 1920er Jahren ein Vorentwurf zu einem Kraftwagenstraßennetz Deutschlands entwickelt wurde, wurde der Verbindung von Frankfurt in den ostbayerischen Raum eine besondere Dringlichkeit zugebilligt.
Ab 1937 erfolgte die Planung für die Strecke Nürnberg-Regensburg-Passau. 1939 begann der Bau zwischen Regensburg und Wörth, der jedoch drei Jahre später kriegsbedingt wieder eingestellt werden musste. 1958 konnten die Planungen wieder aufgenommen werden, wobei die Trasse angesichts des getätigten Grunderwerbs und der durchgeführten Erdarbeiten im Wesentlichen beibehalten wurde. Das Luftbild von 1971 zeigt anschaulich, dass damals Regensburgs Süden noch weiträumig umfahren wurde. Nördlich der Autobahn sind Teile der Universität im Entstehen begriffen. Direkt an der Autobahn ist gerade das Sportzentrum im Bau, weiter im Norden die Gebäude für die naturwissenschaftlichen Fakultäten.

Die Stadt hat mittlerweile die Autobahn erreicht. Auch südlich davon haben sich mit dem Universitätsklinikum Funktionsbereiche der Universität etabliert. Die Verkehrsbelastung auf der Bundesfernstraße hat sich vervielfacht, mit einer Frequenzerhöhung ist weiterhin zu rechnen. Südlich der Autobahn hat die Stadt mit der Franz-Josef-Strauß-Allee bereits einen „Bypass“ errichtet. Derzeit werden Überlegungen angestellt, die A 3 im Stadtbereich von Regensburg mit einer weiteren Fahrspur leistungsfähiger zu machen.

N

OBERISLING

Zwischen dem Ziegetsberg und den Höhen von Hohengebraching öffnet sich nach Osten hin die so genannte Grasser Mulde. An ihrem Südhang liegt die Siedlung Oberisling, deren urkundliche Erwähnung ins 11. Jahrhundert zurückreicht. Die Fluren um Oberisling gehörten damals dem Kloster St. Emmeram, welches wohl an den Hängen Wein anbauen ließ. Die Herrschaftsverhältnisse änderten sich erst nach der Säkularisation zu Beginn des 19. Jahrhunderts. 1910 kam Oberisling zum Bezirksamt Stadtamhof. Das Luftbild aus dem Jahre 1958 zeigt sehr deutlich den dörflichen Charakter Oberislings. Die Anlage der Kirche dürfte wohl auf das 14. Jahrhundert zurückgehen.

1958

Die Nähe zur Stadt und die attraktive Lage Oberislings als Wohnort haben in den letzten Jahrzehnten zu einer nachhaltigen Veränderung der dörflichen Struktur geführt. Die Ausweisung von Baugebieten hatte aber bereits vor 1977 begonnen, dem Jahr der Eingemeindung nach Regensburg. Es ist die Aufgabe einer behutsamen Stadtentwicklung darauf zu achten, dass die Stadtrandgemeinden in der Grasser Mulde – Graß, Leoprechting und Oberisling – die heute bereits über 6.000 Einwohner beherbergen, stadträumlich nicht verschmelzen.

KARTHAUS-PRÜLL

Im Jahr der Aufnahme, 1958, ließ das ehemalige Benediktiner- und spätere Karthäuserkloster Prüll noch seine einstmals isolierte Lage weit vor der Stadt erahnen. Erst durch die im linken unteren Bildrand erkennbare, ab den späten Zwanzigerjahren entstandene Bebauung entlang der Karthauser Straße und durch das 1936-39 weiter westlich angelegte „Göring-Heim“ (heute Ganghofersiedlung, nicht mehr im Bild), war das 1904 eingemeindete Karthaus-Prüll allmählich dem Regensburger Stadtbild einverleibt worden.

Das 1852 in den säkularisierten Klostergebäuden eingerichtete und ab 1867 kontinuierlich erweiterte Nervenkrankenhaus ließ 1958 im Kern bereits die Anlage des heutigen Bezirksklinikums Regensburg erkennen. Die dahinter, etwa in Bildmitte, verlaufende Eisbuckelstraße entspricht der heutigen Universitätsstraße.

1958

2007

Die Aufnahme dokumentiert die bauliche Verdichtung, die in den letzten fünfzig Jahren um Karthaus-Prüll stattgefunden hat. Ausgelöst durch die im Osten entstandene Universität (vgl. S. 252), kam es entlang der im Norden um den einstigen Klosterbereich führenden Ludwig-Thoma-Straße zu intensiver Bautätigkeit: 1973 entstand das Thomaheim, das nach seiner Erweiterung 1976 heute 278 Studierenden Platz bietet. Östlich anschließend entstanden in der zweiten Hälfte der Achtzigerjahre zahlreiche Kleinwohnungen in Blöcken, denen der einst vierflügelige Ökonomiehof der Kartause weitgehend zum Opfer gefallen ist. Erhalten geblieben ist lediglich der im Kern auf das 16. Jahrhundert zurückgehende Südflügel.

SIEDLUNG GÖRING-HEIM, HEUTE GANGHOFERSIEDLUNG

Von 1937 bis 1943 errichtete die Bayerische Heimstätte GmbH, Treuhandstelle für Wohnungs- und Kleinsiedlungswesen, zwischen dem Stadtteil Kumpfmühl und Ziegetsdorf eine Siedlungsstadt mit ca. 1.100 Wohnungen. Die Entscheidung für den Bau dieser Großsiedlung war gefallen, nachdem die Bayerische Flugzeugwerke AG (BFW) die Errichtung eines Zweigwerks in Regensburg beschlossen hatte. Das städtebauliche Konzept erarbeitete das Stadtbauamt, Abt. Stadterweiterung. Bezogen wurde die Siedlung vor allem von Facharbeitern der Messerschmitt GmbH, der Rechtsnachfolgerin der BFW.

Das Luftbild aus dem Jahre 1938 zeigt den neuen Stadtteil nach Fertigstellung des ersten Bauabschnitts. Die auf freier Flur errichtete Siedlung endet im Osten noch an der heutigen Theodor-Storm-Straße, während nach Südwesten hin das Quartier bereits an der Boelckestraße bzw. an der Augsburger Straße seinen Abschluss gefunden hat.

1938

Das Luftbild aus dem Jahre 2007 dokumentiert, dass die Ganghofersiedlung noch immer ein klar ablesbarer Teil einer städtebaulichen Idee im Süden Regensburgs ist. Am unteren Bildrand ist die Wolfgangsschule mit den Sportanlagen zu erkennen sowie nach Süden hin der nach 1938 errichtete zweite Bauabschnitt. Eine deutliche Zäsur bildet im Norden der Siedlung der in den späten Sechzigerjahren geschaffene Autobahnzubringer.
Aufgrund der besonderen städtebaulichen Wertigkeit und der relativ unverfälschten Überlieferung der städtebaulichen Konzeption, hat der Landesdenkmalrat im Jahre 1998 beschlossen, die Siedlung unter Ensembleschutz zu stellen.

WOHNSIEDLUNG ZWISCHEN BOGENSTRASSE UND HAFNERSTEIG
An einer historischen Wegebeziehung, die einst vom Gut Königswiesen nach Regensburg führte – sie ist auf dem Luftbild von 1961 noch deutlich zu erkennen – errichtete 1950 die Landeswohnungsfürsorge zwischen der Bogenstraße und dem Hafnersteig Reihen- und Mehrfamilienhäuser. Am linken unteren Bildrand sind noch Gebäude des Guts Königswiesen zu sehen. Die bereits im 19. Jahrhundert als Königswiesenweg bezeichnete Verbindung führt, teils von Bäumen gesäumt, nordostwärts die Anhöhe hinunter. Dort trifft der Königswiesenweg auf den ebenfalls historischen Hafnersteig, der zur Stadt führt. Westlich des Königswiesenweges weisen dunkle Verfärbungen in den anschließenden Feldern auf verfüllte Bombentrichter hin.

Rund 50 Jahre später bedarf der Blick aus der Luft gewisser Erläuterungen. Die 1959 erbauten Reihenhäuser grenzen südlich nun an die Erzbischof-Buchberger-Allee an. Südlich davon befindet sich das Von-Müller-Gymnasium, welches gerade einen Neubau erhält. Westlich des Königswiesenweges entstand zwischenzeitlich die Trabantenstadt Königswiesen-Nord. Nordwestlich davon, im Bereich der Reitmayrstraße, wurde in den 1970er Jahren das Quartier um die Spitzwegstraße errichtet.
Über eine städtebauliche Dominanz verfügt auch das an der Klenzestraße gelegene Studentenheim Wirth (Klenzestraße 25 und 27).

GUT KÖNIGSWIESEN

Erstmals genannt wird Königswiesen schon 1224, als Ludwig der Kelheimer den Besitz dem Kloster Prüfening schenkte. Das landwirtschaftliche Gut Königswiesen umfasste zum Ende des 19. Jahrhunderts rund 150 ha Fläche und gehörte ab 1900 dem Freiherrn von Zuylen. Die damals größtenteils auf dem Gemeindegebiet von Dechbetten liegenden Grundstücke wurden 1937 von der Stadt Regensburg mit dem Ziel erworben, entsprechende Entwicklungsmöglichkeiten für den zukünftigen Wohnungsbau zu haben. Der Zweite Weltkrieg verhinderte jedoch die weiteren Planungen, so dass die landwirtschaftlichen Flächen wieder verpachtet wurden. 1964 fand die letzte Ernte statt. Ab 1969 stellte die Stadt unter dem Begriff Königswiesen-Nord für das Gebiet verschiedene Bebauungspläne auf. Im Rahmen eines großen Wohnbauprogramms sollte das Gelände in städtebaulich markanter Weise bebaut werden.

Das Bilddokument von 1971 zeigt die ersten Erschließungsmaßnahmen nördlich der noch vorhandenen Gutsgebäudes. Für die Friedrich-Ebert-Straße wird die Trasse bereits planiert.

Etwa 1975 war die Bebauung von Königswiesen-Nord im Wesentlichen abgeschlossen, das städtebauliche Leitbild der 1960er/70er Jahre „Urbanität durch Dichte" umgesetzt. Als Bauträger fungierte damals die Neue Heimat, Gemeinnützige Wohnungs- und Siedlungsgesellschaft mbH, Hamburg.
Im Süden des Gebiets hat sich mit dem Königswiesenpark ein letzter Rest des Guts Königswiesen erhalten. Vom alten Gutshof stammt ferner eine barocke Statue des hl. Johannes von Nepomuk, die 1977 an der Friedrich-Ebert-Straße einen neuen Standort erhalten hat.

KÖNIGSWIESEN SÜD

Die wirtschaftliche Prosperität Regensburgs im letzten Quartal des 20. Jahrhunderts ließ den Bedarf an Wohnraum sowohl im Geschosswohnungsbau als auch im Einfamilienhausbau steigen. Ein geschlossenes Areal von ca. 40 ha Fläche, das südlich des Stadtteils Königswiesen Nord und des Autobahnzubringers liegt und sich in städtischem Besitz befand, bot sich zur Überplanung und Ausweisung von Bauparzellen an.

1980 lobte die Stadt einen städtebaulichen Wettbewerb aus, wobei der preisgekrönte Entwurf des Münchner Büros Topos in einen Bebauungsplan überführt wurde. 1983 – zum Zeitpunkt der Aufnahme – begannen die ersten Arbeiten für die Erschließung des neuen Quartiers.

1983

Nach rund zehn Jahren war „Königswiesen Süd" bebaut. In einer differenzierten Struktur von Einfamilienhäusern, Reihenhäusern und Geschosswohnungsbauten, die sich radial um einen zentralen Park gruppieren und sich dadurch von den umliegenden, überregionalen Straßenachsen abschirmen, entstanden intime Hofbereiche und durchgrünte Zwischenzonen, die dem Fußgänger vorbehalten sind. Die konsequente Zurückdrängung des Individualverkehrs zugunsten von Fußwegbeziehungen und des Fahrradverkehrs entsprach der Planungsphilosophie der 1980er Jahre.

Dass trotz der städtebaulichen Geschlossenheit der Siedlung Sichtbezüge zur Altstadt möglich sind, verleiht dem Quartier eine zusätzliche Qualität.

AUTOBAHNKREUZ REGENSBURG
Das Autobahnkreuz Regensburg verknüpft die Bundesautobahn A 3 (Nürnberg-Passau) mit der Bundesautobahn A 93 (München-Weiden). Der Autobahnbau erreichte den Raum Regensburg erst relativ spät. Wenngleich bereits Ende der 1930er Jahre die Trasse der Autobahn nach Passau zwischen dem Ziegetsberg und Wörth/Donau planiert wurde sowie Widerlager und Pfeiler für Brücken entstanden, dauerte es bis in die 1960er Jahre, bis erste Teilabschnitte dem Verkehr übergeben werden konnten. Die erste Freigabe betraf die Strecke Pollenried-Rosenhof zusammen mit der Sinzinger Autobahnbrücke, die ab 1965 befahrbar war und damit die Stadt vom Durchgangsverkehr auf der Route von Nürnberg nach Passau entlastete. Ab 1967 wurden Teilabschnitte der so genannten Westumgehung fertiggestellt. 1971 war die Strecke vom Regensburger Kreuz bis zum Anschlussknoten Regensburg-Pfaffenstein befahrbar, 1977 der Pfaffensteiner Tunnel und der Knoten Regensburg-Nord.
Das Luftbild von 1971 zeigt ferner erste Ansätze einer Bebauung im Bereich der Boelckestraße und der Erzbischof-Buchberger-Allee.

1971

Dem Autobahnkreuz Regensburg ist eine gewisse Ästhetik nicht abzusprechen. Die von den Verkehrsplanern festgelegten Kurvenradien und das Verkehrsbegleitgrün lassen Planung und Funktionalität erkennen. Beide Autobahnen haben aufgrund der fortschreitenden Motorisierung und der neu entstandenen Wirtschaftsräume im Osten und Norden erheblich an Bedeutung gewonnen. Die A 93 verbindet nun die neuen Bundesländer in Mitteldeutschland mit dem Süden, die A 3 ist eine der Hauptmagistralen im Straßenverkehr zwischen dem Westen und dem Südosten Europas.

2008

N

ZIEGETSDORF,
BLICK NACH NORDOSTEN

1805 überließ der damalige Regensburger Landesherr, Kurerzkanzler Carl von Dalberg, siedlungswilligen Taglöhnern ca. 40 ha unkultivierten Grund auf dem Ziegetsberg. Das Areal lag westlich der heutigen Augsburger Straße und war mit Föhren bewachsen. Die Neusiedler kultivierten die Fluren und wandelten sie in Ackerland um.

Parallel zur Augsburger Straße, einer seit der Römerzeit nachweisbaren Straßenverbindung nach Augsburg, entwickelte sich in den 1920er und 30er Jahren eine straßenbegleitende Wohnbebauung. 1931/32 bauten die Ziegetsdorfer nach Plänen von Georg Berlinger eine dem hl. Josef geweihte Kirche.

1938 kam die Gemeinde Ziegetsdorf mit ihren 500 Einwohnern und dem Gemeindegebiet von 52 ha zur Stadt Regensburg.

1938

Zwischen beiden Aufnahmen liegen nahezu 70 Jahre. Ziegetsdorf ist im heutigen Stadtgrundriss aufgegangen. Die Orientierung bietet wieder einmal ein Kirchenbau. Er liegt heute – genauso wie damals – am Rande der Siedlung am Übergang zur freien Landschaft. Das 1956 nach Westen erweiterte Langhaus setzt sich durch die höhere Firsthöhe deutlich ab. 1966 bekam Ziegetsdorf mit dem 154 m hohen Fernsehturm ein neues und modernes Wahrzeichen.

2008

ZIEGETSDORF,
BLICK NACH WESTEN

Ende der 1950er Jahre ist Ziegetsdorf noch von Feldern und Wiesen umgeben. Entlang der Augsburger Straße (Bildmitte) sind bereits einige Wohnhäuser mit weitläufigen Gärten entstanden. Weiter westlich davon befinden sich bäuerliche Gehöfte an der Hadamarstraße. Nach Südwesten geht der freie Blick über die Höhenzüge bis nach Sinzing.

1957

2007 zeigt der Stadtteil ein völlig anderes Bild: Vor allem in den 1970er und 80er Jahren setzte in Ziegetsdorf eine rege Bautätigkeit ein. Einfamilienhäuser und Wohnblocks prägen das neue Quartier. Als 1967 die Universität Regensburg den Lehrbetrieb aufnahm, ergaben sich auch neue Anforderungen für den Regensburger Wohnungsmarkt. Vor allem mussten den nach Regensburg kommenden Studenten/innen Wohnraum – möglichst in Nähe der Alma Mater – angeboten werden. Ziegetsdorf war hierfür ein geeigneter Standort. In der Bildmitte ist das in drei Blöcke gegliederte Studentenwohnheim „Erzbischof Buchberger" am Weiherweg gelegen, gut zu erkennen.

DECHBETTEN

Das Luftbild aus dem Jahre 1957 lässt noch erahnen, was den Regensburger Chronisten Schuegraf berührte, als er den idyllisch gelegenen Ort als bevorzugtes Ziel vieler Regensburger/innen an heißen Sommersonntagen beschrieb. In Gaststätten gab es kühles Bier, die benachbarte Wallfahrtskirche Mariae Himmelfahrt bot sich für die innere Einkehr an. Die Hänge um Dechbetten waren für Ausflüge bestens geeignet. Gleichwohl wurde diese Idylle bereits ab der Jahrhundertwende durch die Ansiedlung einer Ringofenziegelei beeinträchtigt. Das Bild gibt ferner den Blick frei auf den fürstlichen Rennplatz bis hinüber zu den ersten Häusern von Großprüfening.

Fünfzig Jahre später fällt dem Betrachter zunächst die Orientierung schwer. Erst die Wallfahrtskirche bietet einen Anhaltspunkt. Zusammen mit wenigen Häusern hat sie die letzten Jahrzehnte überdauert. Im Ortskern haben die 1970er Jahre mit einigen Wohngebäuden mit Flachdach Spuren hinterlassen. Ansonsten wirkt Dechbetten wie eine Insel, umgeben von Autobahnen und Anschlussstraßen. Die Mobilität unserer Tage fordert manchmal einen hohen Preis!

Nördlich und westlich von Dechbetten entstanden bereits ab den 1970er Jahren erste Bürogebäude und Gewerbeeinheiten. Südlich des Straßenzugs „An der Brunnstube" wurde in den letzten Jahren eine kompakte Wohnsiedlung errichtet. Am oberen Bildrand sind das in den späten 1980er und frühen 1990er Jahren entstandene Bauquartier Rennplatz sowie die Produktionsstätten von Siemens im Stadtwesten zu sehen.

DECHBETTEN, ZIEGELEI MAYER & REINHARD

Auf Flurstücken der Gemarkung Dechbetten, bis 1983 eine eigenständige Gemeinde mit 290 ha Fläche und 473 Einwohnern, errichtete die Fa. Mayer & Reinhard 1898 ein „Tonwerk". 1906 wurde der Betrieb bedeutend erweitert und für die Produktion dünnwandiger Hohlziegel, die in Deckenkonstruktionen Verwendung fanden, eingerichtet. Die so genannte „Hourdis-Decke" war ein spezielles Bauprodukt, das in ganz Deutschland nachgefragt wurde. Der Abbau von Ton fand in der nahen, südwestlich des Betriebs gelegenen Tongrube statt. Nachdem im Umfeld der Grube noch Braunkohle anstand, konnte ein poröser Lochstein hergestellt werden, der durch Beimischung von Braunkohle entstand. Der Betrieb hatte bereits in den Zwanzigerjahren über 100 festangestellte Mitarbeiter. 1975 fand die Ziegelproduktion ihr Ende.

Ab den 1980er Jahren wurden die Produktionsgebäude schrittweise abgebrochen und für das Areal neue Nutzungskonzepte entwickelt. Zwischenzeitlich haben der Wohnungsbau im Süden und Westen sowie Gewerbebetriebe im Norden das einstige Gelände der Ziegelei eingegrenzt. Auf dem Luftbild des Jahres 2007 werden gerade die Fundamente für ein Ärztehaus und ein Hotelgebäude betoniert. Westlich davon entstehen zukünftig Wohnhäuser. Von der Ziegelei Mayer & Reinhard ist lediglich das Anwesen An der Brunnstube 2 verblieben, welches sich heute hinter hohen Bäumen versteckt.

KÖNIGSWIESENER BERG („DREI-BÄUMERL-BERG") UND KLEINGARTENANLAGE KÖNIGSWIESEN

1968, als diese Aufnahme entstand, war die Kleingartenanlage an der Nordwestflanke des Königswiesener Berges noch ganz neu. Die Parzellengröße war von der Stadt auf ca. 200 m² festgelegt worden.

Unterhalb, an der damals noch nicht ausgebauten Kirchmeierstraße, errichtete der Eisenbahnsportverein 1927 einen Fußballplatz, Tennisplätze und Anlagen für Leichtathletik. Der Königswiesener Berg, im Volksmund Drei-Bäumerl-Berg genannt, wurde noch landwirtschaftlich genutzt. Die Scheunen und Wirtschaftsgebäude des einstigen Gutes Königswiesen sind am Bildrand rechts oben erkennbar.

1971 begann die Bebauung des Königswiesener Berges. Während im Generalbaulinienplan von Otto Lasne (1917) die Anhöhe noch von Bebauung frei gehalten werden sollte, sahen die städtebaulichen Ideen der 1960er Jahre die Betonung des Höhenrückens mit Hochhäusern vor. Eine weithin sichtbare städtebauliche Dominante wurde somit geschaffen. Westlich des Königswiesenberges entstand im Bereich der Dr.-Gessler-Straße ein Gewerbegebiet mit Dienstleistern und Fachmärkten. Letztlich wurden auch die Flächen zwischen der Bahnanlage und der Kirchmeierstraße gewerblichen Nutzungszwecken gewidmet.

2007

KUMPFMÜHL, KARMELITENKLOSTER ST. THERESIA

1899 entschied sich das Karmelitenkloster St. Josef (Alter Kornmarkt), im Ortsteil Kumpfmühl ein Filialkloster mit Knabenseminar zu errichten. Das Kloster besaß bereits seit 1851 in Kumpfmühl ein großes Grundstück mit einem Fischteich, auf dem nun die Kirche und das Seminargebäude Platz finden sollten. Bereits am 27. August 1900 konnte der Kirchenbau, der nach den Plänen des Regensburger Architekten Krämer im Stil des Neobarock entstand, konsekriert werden. Auf dem Luftbild aus dem Jahre 1958 sind noch die nördlich des Komplexes anschließenden Klostergärten erkennbar sowie die einstige Straßensituation mit der alten Kumpfmühler Brücke. Am rechten Bildrand ist das 1956/57 errichtete Druck- und Verwaltungsgebäude der Firma Pustet erkennbar.

Die moderne Verkehrserschließung hat mittlerweile auch Kumpfmühl erreicht. In den 1970er Jahren entstand mit dem Anschluss der Kirchmeierstraße an die Westumgehung eine weitere Anbindung von der Autobahn zum innerstädtischen Straßennetz. Die Zunahme des Individualverkehrs erforderte nun den Ausbau des so genannten „Kumpfmühler Stachus". Bereits 1991 wurde die neue Kumpfmühler Brücke über die Bahnanlagen errichtet. Zehn Jahre später folgte der Ausbau des Verkehrsknotens Friedenstraße, Kirchmeierstraße, Kumpfmühler Straße und Bischof-Wittmann-Straße im Bereich des südlichen Brückenkopfes. Im Umfeld der großen Kreuzung entstanden schon in den Jahren 1979 bis 1982 im ehemaligen Klostergarten der Karmeliten Wohnungen für Senioren. Seit 1999 markiert das dreieckförmige Büro und Geschäftshaus „Atrium" den Kreuzungsbereich in besonderer Weise.

Der Orden der Karmeliter hat sich zwischenzeitlich ganz aus Kumpfmühl zurückgezogen. 1975 wurde das Knabenseminar aufgelöst, 1987 das Kloster. Die Firma Pustet hat Mitte der 1990er Jahre ihren Betrieb nach Norden hin erweitert.

2007

EISENBAHNANLAGEN AN DER KIRCHMEIERSTRASSE

In den letzten Jahrzehnten des 19. Jahrhunderts entstanden zwischen Prüfening und Burgweinting weitläufige Bahnanlagen mit Gleissträngen, Remisen und Werkstätten. Das Luftbild von 1958 zeigt in der Bildmitte den 1901 errichteten Rundlokschuppen, der in den Jahren nach 1945 wegen der Kriegszerstörung teilweise erneuert wurde. Östlich davon sind die Bahnwerkstätten situiert, an denen sich ein weiterer Lokschuppen anschließt, der ab den 1950er Jahren für elektrische Lokomotiven genutzt wurde. Nördlich davon sind der Rangierbahnhof, der Nordbahnhof, der Güterbahnhof und der Ladehof erkennbar. Im Vordergrund des Bildes, südlich des Betriebswerks, ist das Kraftwagenbetriebswerk der Bahn zu sehen. Später dienten die Hallen als Depot für die Bahnbusse.

1958

Fünfzig Jahre später haben sich die logistischen Konzepte im Güterverkehr grundlegend gewandelt. Von den einst Hunderten von Güterwaggons, die im Regensburger Westen täglich rangiert werden mussten, ist nichts mehr zu sehen. Zwischen den stillgelegten Gleisen wächst bereits erstes Grün. Auch die Lokschuppen und Werkstätten wurden zurückgebaut. Auf dem Rückzug befinden sich auch die bahnorientierten Speditionen, wie beispielsweise die Fa. Schenker, die jahrzehntelang in den Hallen mit dem charakteristischen „Sheddach" aktiv war. Das Areal zwischen der Kumpfmühler und der Dechbettener Brücke steht vor einer neuen städtebaulichen Entwicklung.

DER LUFTBILDFOTOGRAF HAJO DIETZ

Am 22. September 2006, wenige Tage nach dem Besuch Papst Benedikts XVI. in Regensburg, flog ich, aus meiner Heimatstadt Nürnberg kommend, zum ersten Mal über die Donaumetropole und konnte dem Amt für Stadtentwicklung einen Bilderreigen der zu dieser Zeit besonders schön herausgeputzten Stadt anbieten. Kaum eine Baustelle und kein sonst allgegenwärtiges Domgerüst störten den Blick vom wolkenlosen Himmel auf das Weltkulturerbe der Oberpfälzer Bezirkshauptstadt. Alle Bilder wurden von der Stadt Regensburg angekauft und besitzen bereits heute schon einen gewissen historischen Wert. Bei einem meiner zahlreichen Besuche im Amt für Stadtentwicklung wurde auch die Idee zur Herausgabe dieses Buches geboren und bereits Ende 2006 begannen die Arbeiten. Insgesamt sollten ca. 150 Fotos aus derselben Perspektive wie die Vorlagen aus den 1950er Jahren fotografiert werden.

Für die Aufnahmen teilte ich die mir vorgelegten historischen Luftbilder in drei Kategorien. Bilder, die aufgrund der Blickrichtung und damit dem Sonnenstand entsprechend eher vormittags, eher mittags oder eher abends aufzunehmen waren. Da die früheren Luftaufnahmen teilweise unter Gegenlicht oder bei bedecktem Himmel aufgenommen wurden, vernachlässigte ich den Sonnenstand der historischen Vorlagen, weil es mir neben einer möglichst deckungsgleichen Neuaufnahme vor allem um eine möglichst attraktive Wiedergabe des heutigen Bebauungszustands ging. Zusammen mit meinem Hubschrauberpiloten Jochen Huber brauchte ich zwei ganze Sommer, um ausreichend viele wolkenlose Tage zu finden. Alle Aufnahmen habe ich bei offener Hubschraubertür direkt aus der Hand mit einer Nikon D2x-Digitalkamera unter Verwendung von Objektiven verschiedener Brennweiten aufgenommen und anschließend einzeln aufwändig am Rechner bearbeitet, um die bei Luftbildern meist nicht zu verhindernde Hintergrundverblassung und -verblauung weitgehend zu eliminieren.

DER HUBSCHRAUBERPILOT JOCHEN HUBER

Der erfahrene Köschinger Hubschrauberpilot Jochen Huber, mit dem mich inzwischen auch eine enge Freundschaft verbindet, war der ideale Partner für die Arbeit zu diesem Buch. Denn bei der Aufnahme von Luftbildern kommt es nicht nur auf die Beherrschung des fotografischen Handwerks an, sondern insbesondere auf einen Flugzeugführer mit Erfahrung, Fingerspitzengefühl und sehr gutem fotografischem Blick, sowie einem blinden Verständnis des Teams im Cockpit untereinander. Jochen Huber gelang es nicht nur, den für diesen Zweck benutzten, zweisitzigen Hubschraubertyp Hughes 300 jeweils möglichst exakt an die Stelle zu positionieren, von der aus das historische Vorbild aufgenommen war. Er kümmerte sich auch um scheinbar nebensächliche, in der Praxis aber überaus hilfreiche Kleinigkeiten. So konstruierte er z. B. eine Art Pult aus einem zweckentfremdeten, umgestülpten Büroordner, den er auf dem Boden des Cockpits befestigte, um darauf Fotokopien der historischen Vorlagen für den Fotografen wie für den Piloten gleichermaßen gut einsehbar zu machen, ohne dass sie aus der offenen Tür flattern können.

Seine hohe Professionalität, das Resultat von über 1.700 Flugstunden Erfahrung, stellte Jochen Huber auch während einer Notlandung unter Beweis, bei der er nach einem Elektrikdefekt den Hubschrauber rechtzeitig und damit für Besatzung und Bevölkerung sicher auf einem Flurbereinigungsweg im Osten der Stadt Regensburg abstellte. An dieser Stelle möchten wir uns auch noch mal bei der netten Schreinerfamilie bedanken, die uns während unserer vierstündigen Wartezeit bei praller Sonne auf Techniker und anschließende Freigabe des Helikopters durch das Luftfahrtbundesamt in Braunschweig mit Brotzeit, Getränken und Faxanschluss versorgt hat und bei Laune hielt.

Regensburg, im Herbst 2008

Hajo Dietz

BILD-, QUELLEN- UND TEXTNACHWEIS

Bildnachweis

Hajo Dietz, Firma Luftbild Nürnberg
Umschlag Vorder- und Rückseite,
Seite 4 (4-farbiger Teil),
Seiten 30, 37, 39, 41, 43, 45, 47, 49, 51, 53, 55, 57, 59, 61, 63, 65, 67, 69, 71, 73, 75, 77, 79, 81, 83, 85, 87, 91, 93, 95, 97, 99, 101, 103, 105, 107, 109, 111, 113, 115, 117, 119, 121, 123, 125, 127, 129, 131, 133, 135, 137, 141, 143, 145, 147, 149, 151, 153, 155, 157, 159, 161, 163, 165, 167, 169, 171, 173, 175, 177, 179, 181, 183, 185, 189, 191, 193, 195, 197, 199, 201, 203, 205, 207, 209, 211, 213, 215, 217, 219, 221, 223, 225, 227, 229, 231, 233, 235, 237, 239, 241, 243, 245, 249, 251, 253, 255, 257, 259, 261, 263, 265, 267, 269, 271, 275, 277, 279, 281, 283, 284, 285

Luftbild Bertram
Umschlag Rückseite,
Seite 4 (s/w-Teil),
Seiten 36, 38, 40, 44, 46, 48, 50, 52, 54, 56, 58, 60, 62, 64, 66, 70, 72, 74, 78, 80, 84, 86, 90, 92, 94, 96, 98, 102, 104, 108, 110, 112, 114, 128, 130, 132, 136, 142, 144, 146, 148, 150, 152, 154, 162, 164, 166, 170, 174, 176, 180, 182, 184, 188, 190, 192, 196, 198, 200, 202, 208, 212, 214, 220, 222, 224, 226, 228, 232, 234, 236, 242, 248, 250, 256, 258, 272, 274, 276, 280, 282

Stadt Regensburg, Bilddokumentation
Seiten 6, 7, 10 – 19, 21

Stadt Regensburg, Amt für Stadtentwicklung
Seiten 20, 28, 29, 33, 42, 68, 72, 82, 100, 106, 116, 118, 120, 122, 124, 126, 134, 140, 156, 158, 160, 168, 172, 178, 194, 204, 206, 210, 216, 218, 230, 238, 240, 244, 252, 254, 260, 262, 264, 266, 268, 270, 273, 278

Quellennachweis für Grafiken und Karten

Stadt Regensburg,
Amt für Stadtentwicklung
Seiten 22, 23, 24, 25, 35, 89, 139, 187, 247

PAN Geo
Seite 26

Prognos Zukunftsatlas 2007
Seite 27

Textnachweis

Klaus Heilmeier
Seiten 62/63, 64/65, 68/69, 70/71, 72/73, 76/77, 80/81, 82/83, 84/85, 86/87, 88/89, 92/93, 94/95, 98/99, 100/101, 104/105, 106/107, 108/109, 110/111, 112/113, 114/115, 116/117, 118/119, 120/121, 122/123, 124/125, 126/127, 128/129, 130/131, 134/135, 136/137, 138/139, 146/147, 148/149, 150/151, 152/153, 154/155, 156/157, 158/159, 160/161, 162/163, 164/165, 166/167, 168/169, 170/171, 172/173, 174/175, 176/177, 178/179, 180/181, 182/183, 184/185, 190/191, 192/193, 194/195, 196/197, 198/199, 200/201, 204/205, 206/207, 210/211, 212/213, 214/215, 216/217, 218/219, 220/221, 222/223, 224/225, 226/227, 228/229, 230/231, 232/233, 234/235, 236/237, 238/239, 240/241, 242/243, 248/249, 250/251, 254/255, 256/257, 260/261, 262/263, 264/265, 266/267, 268/269, 270/271, 272/273, 274/275, 276/277, 278/279, 280/281, 282/283

Dr. Eugen Trapp
Seiten 38/39, 40/41, 42/43, 44/45, 46/47, 48/49, 50/51, 52/53, 54/55, 56/57, 58/59, 60/61, 66/67, 74/75, 78/79, 96/97, 102/103, 132/133, 142/143, 144/145, 188/189, 202/203, 208/209, 244/245, 252/253, 258/259